「円安大転換」後の日本経済

為替は予想インフレ率の差で動く

村上尚己

光文社新書

はじめに

現在（２０１３年2月末）、為替相場は円安基調が続いている。

この動きは、２０１２年11月14日、当時の野田佳彦首相が自民党の安倍晋三総裁との党首討論において衆議院の解散を表明して以来のものである。それ以降も同年12月16日の衆議院議員総選挙における自民党の大勝、安倍政権の誕生、アベノミクスの発動という出来事が起きるにつれて、ドル円相場はどんどん円安の方向に向かっている感がある。そして、この動きを反映して、株価の方も上昇し続けている。

これで長年日本経済が悩まされ続けてきた、「円高・デフレ」からようやく脱却できるのではないかと期待する人も多いだろう。

ご存じのように、１９９０年代の初めにバブルが崩壊して以降、日本経済は坂道を転がり落ちるように、凋落《ちょうらく》の一途をたどってきた。とくに98年からはずっと円高基調が続き、それが不況をここまで長引かせてきたと言っても過言ではない。

しかし、その間、ずっと円が高くなり続けてきたわけではない。短くて1年余り、長くて約3年半、円安基調が続いてきたこともあったのだ。

だが、この流れが定着することはなかった。日本経済が泥沼から脱出できると人々が期待し始めた頃合いを見計らったかのように、為替相場はふたたび円高に振れ、また泥沼に沈んでいくということを繰り返してきたのだ。

いったい「何」が円安の動きを食い止めてきたのか？

本書の目的のひとつは、右の謎を各円安局面において解明することである。それができれば、現在進行中の円安が、何をきっかけにふたたび円高に向かうのか予測することが可能になる。投資家にとっておおいに参考になることだろう。

また、円高のきっかけとなる要因がどういうメカニズムを経て、実際のドル円相場に影響するか――これを探ることも、本書の大きな目的である。

為替市場には機関投資家をはじめ、多くのプレーヤーが参加している。彼らの思惑が、実際の為替レートにどんな影響を与えるかがわかれば、日本政府・日銀がそれに先んじて、ふたたび円高基調に陥らないための有効な政策を打つ一助になるだろう。もちろん、こちらも投資家にとって役にたつ。

そして、右の考察から明らかになったことを踏まえ、アベノミクスが成功し、円安局面が定着することによって、日本経済がどのようなかたちで復活を遂げるか、具体的な数値を明かす——それこそが本書の究極の目的である。

ここで本書の構成を示しておこう。

第1章では、円安が日本経済にもたらす5つの効果について挙げる。加えて、これらの効果によって、日本人の給与下落に歯止めがかかることにも触れる。

第2章では、円高・円安などの為替レートの基本について説明するとともに、それが何に基づいて上下するのかについて考える。

本書のキモとなる第3章では、80年代後半のバブル期から2011年あたりまでの円相場の動きを詳細に追っていきながら、円安局面を円高に変えた要因について具体的に検証する。

各局面で小さな違いはあるものの、概ね共通する点が見えてくるだろう。

第4章では少し視点を変えて、識者や学者が唱える〝誤った経済言説〟を取り上げる。日本だけで発達した「ガラパゴス経済学」（通称「ガラ経」）とも言える説は、なぜか人気があるのだが、そのことが日本人独特の経済観・為替観を醸成《じょうせい》して、日本経済停滞の下支えをしてきたとも考えられる。さらに言うと、金融政策の元締めたる日銀までもが、ガラ経に則《のっと》って実際の政策を行っていたフシもある。その意味で、〝ガラ経〟問題は案外根深いのだ。

第5章は、第6章に関係してくるが、「ガラ経」に則って金融政策を行ってきた日銀と、世界標準の金融政策を行ってきたアメリカの中央銀行FRB（連邦準備制度理事会）とを比較し、それぞれの金融政策の結果、日米の経済がどういう経過をたどったかを検証する。そして、2012年9月の自民党総裁選で安倍晋三が脱デフレ・経済再生・金融緩和強化を掲げて戦って以来、日本の金融政策・財政政策に新しい動きが生じてきたことを解説する。

最終章となる第6章では、衆議院議員総選挙の結果を受けて誕生した自民党・安倍政権の経済政策、通称「アベノミクス」のとるべき方向性について探る。アベノミクスにおいて、日銀が行わなければならない3つの政策とはどんなものか、その結果もたらされるドル円相場の適正値はいくらか、などといったことを述べる。

本書はここで終わるわけではない。あとがきとして書いた「おわりに」もぜひ読んでほしい。そこには、アベノミクスが成功した結果、安定的かつ継続的な円安が日本で生じた時に、日本の株価はどうなるか、そして日本経済にどのような未来が待ち受けているのか、について、具体的な数値を挙げて述べている。ここに至って、日本経済が、日本人が、長年はまっていたぬかるみから這《は》い出すことができ、ふたたび未来に希望がもてる世の中が訪れるだろう。

アベノミクスをめぐっては現在、諸説紛々《ふんぷん》といった状況だが、本書を読めば、その中でどれが正しいかということが理解できるだろう。その結果、一人ひとりが正しい理解に基づいて行動を起こせば、日本経済は遠くないうちに必ず復活できる。そうなれば、日本人が失ってしまった自信と誇りを、ふたたび取り戻すことができるのだ。

目次

編集協力：編集集団 WawW！Publishing

本書で示した筆者の意見は、筆者が所属する組織の意見・見解とは一切関係がありません。

あらかじめご了承ください。

第1章　日本の景気は円安で回復する！

物価より下がり続ける給料

２００７年以降、約５年の長きにわたって続いていた円高が、２０１２年11月半ばになって、急速に円安方向へと進んだ。そこから翌２０１３年１月にかけての２か月で大きく円安が続いたため、ドル円相場の動きに対して一際注目が集まっている。

円安基調がこのまま続けば、「モノの値段が上がるのはイヤだ」「これまでのように円高が続いてくれた方が生活がラクになっていい」と考える人も出てくるだろう。

しかし、過去円高が続いてきて、われわれの暮らしはほんとうにラクになっただろうか？

残念ながら、現実はそうなっていない。円高によってモノの値段が下がる以上に、われわれの給料の方が落ち込んでしまったからだ。

次ページの図１は、１９９０年代半ばから現在に至るまでのドル円相場、日本人の給与、日本の物価の推移を示したグラフである。

これを見れば、98年以降、傾向として日本で円高が続いていること、そして97年から２００８年にかけては、われわれの給料がほぼ物価と並行して下がっていたこと、さらに２００８年以降は、物価の下落率以上に、給料の落ち込みが激しくなったということがわかる。

図１　民間の平均給与 vs. 価格指数 vs. ドル円相場

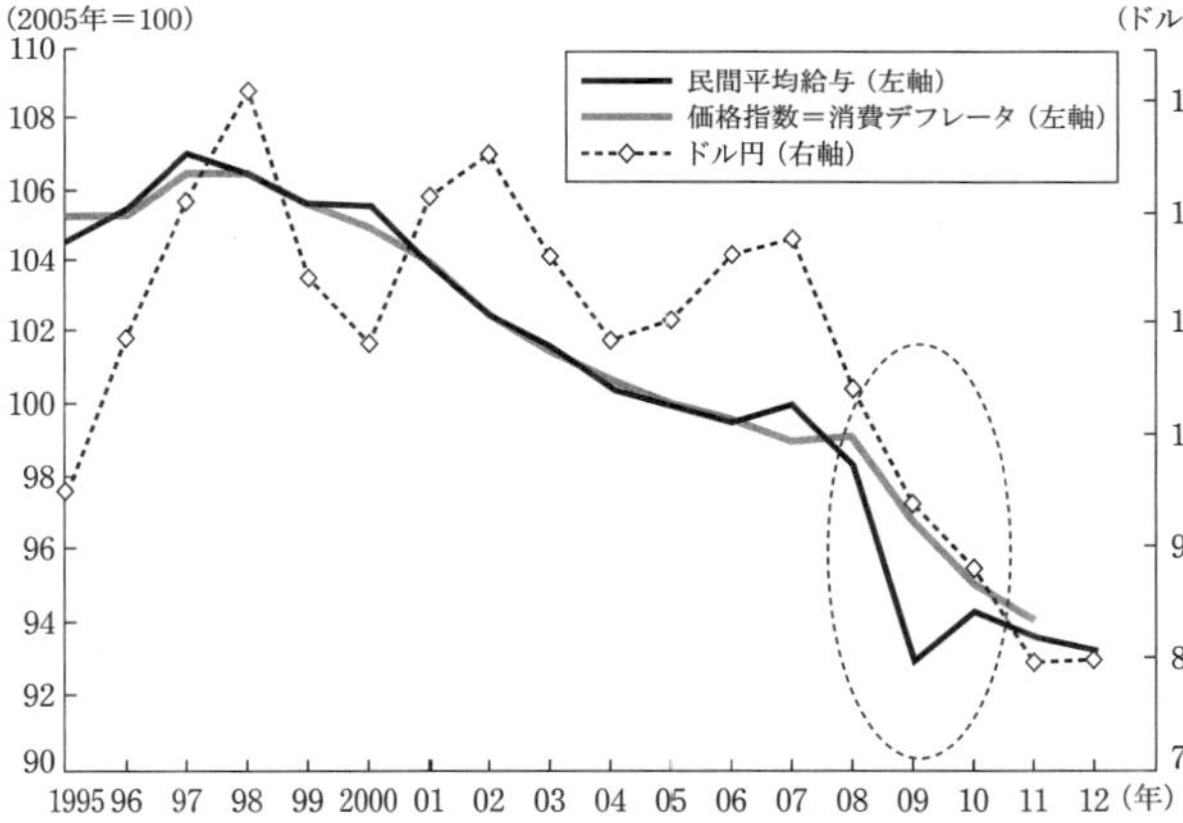

（出所）国税庁、内閣府、日本銀行より筆者作成

このうち給料を示す数字は、民間のサラリーマンの平均給与であるから、失業者や自営業者の方などの収入は含まれていない。つまり、日本人全体で考えれば、全体の収入は、このグラフが示す以上に下がっている可能性が高いということになる。つまり、消費者であると同時に労働者でもある多くの日本人にとっては、収入が物価よりも落ち込む事態になってしまったのである。

ただ、物価が下落する状態、すなわちデフレーション（デフレ）によって生活がラクになっている人もいなくはない。それは、年金給付水準が維持された人々。あるいは、過去の蓄財で生活している人々。もしくは、さほど給料が下がらなかった公務員や一部大企業の正社員などである。

ここで気になるのは、メディアで「デフレや円高は日本にとっていいこと」などという話をする識者の多くが、大学の先生のような安定した職に就《つ》いているか、または安定した年金生活が目前に控えている立場の人たちだということだ。彼らにとっては、円高とデフレが続いても、収入も年金もさほど減らないから、一般庶民の苦しみのようなものを実感として理解するのはなかなか難しいことではあろうと思う。

豊かな生活を取り戻すには

では、円高とデフレによって生活が苦しくなった多くの人たちが、豊かな生活を取り戻すためにはどうすればいいのか？

それはとりもなおさず、97年以降給料が減り続けている状況を食い止め、ふたたび上昇カーブを描くような方向に変えていくことである。

そのためにはどうすればよいか？

ひと言でいえば、為替レートを円安方向に戻し、そして円高と同時に起こっているデフレを止めるということである。それができれば、図1の数字がすべて反転することが期待できる。

円安で輸出産業はどうなる？

２０１１年3月11日の東日本大震災以降、日本は海外への輸出が減る一方、原発の稼働がストップすることでＬＮＧ（液化天然ガス）などのエネルギー原料の輸入量が増えてしまった。こうして、日本は震災の翌月から「貿易赤字」の状況に突入した。

それに加えて２０１２年11月以来の円安基調により、「円安になると、輸入が増えて貿易赤字も増えるから、日本に悪影響を及ぼす」というコメントをテレビなどでひんぱんに耳にするようになってきた。

一見もっともらしく聞こえるが、はたしてその通りなのだろうか。

貿易収支とは「モノの輸出－モノの輸入」という式で表される数字上での結果ではあるが、実際には、貿易収支が「黒字」であろうが「赤字」であろうが、それ自体は経済活動に直接影響はない。「黒字＝得」「赤字＝損」という図式は、企業の決算などには当てはまるのだが、国全体の貿易収支となると話は別だからである。

近年、食料品や日用品など、われわれの生活の至るところで、国産品が安い輸入品に取って代わられるようになった。この動きが広がると、貿易収支の赤字が広がる要因になりえる。しかし、その是非は別にして、原料なども含めて輸入品が普及してきたことが、われわれの生活を支えている面もある。本来なら、輸入が増えれば、そのぶん国民は豊かになるのである。つまりここまでの話でいえば、このことによって発生している日本の貿易赤字の拡大という現象は、日本にとってストレートに悪いことだとはいえないわけだ。

結局、円安が日本経済全体にとって良い影響をもたらすのか、悪い影響をもたらすのかを判断する際には、円安が日本企業全体にどう影響するかに注目することが重要である。

それを以下で考えてみよう。ここからは基本的な話が続くので、「そんなことわかってるよ」という方は、ここで次の第2章に進んでいただいてもかまわない。

円安になることで有利になるのは輸出産業である。ドル建てベースで輸出しているぶんの売上が、円ベースで増えるためだ。

たとえば、家電業界大手のパナソニックが、「1ドル＝80円」の円高時に、1台1000ドルの液晶テレビをアメリカに輸出するとしよう。この時パナソニックは1台につき計8万円の売上を得る。

ここからドル円相場で円安が進み、「１ドル＝１００円」になったら、売上は10万円となり、２万円増えることになる。

もちろんパナソニックはこの1台１０００ドルの液晶テレビだけを輸出しているわけではないから、他の製品も含めると、20円の円安効果はパナソニックにかなりの恩恵をもたらすことになるだろう。そしてこの効果は、パナソニックだけでなく輸出産業全体にプラスの影響を与えるのである。

一方、輸入企業は、海外から輸入品を安く仕入れ、原価を抑えることで利益を捻出《ねんしゅつ》している。よって円安になれば、コストが増えるため望ましくない影響が出てしまう。ただ、円安が日本経済全体に与える影響を考えるにあたって重要なことは、日本経済・産業全体にとって円安が望ましいかどうかということである。

円安で生じる5つの効果

為替レートの変動が、個々の企業に及ぼす影響はさまざまである。しかし、２０１０年以降のように、明らかに行きすぎていた円高が是正される過程で起きる円安は、企業全体にとって圧倒的に大きなプラスとなる（円高がどの程度行きすぎていたかは後で説明する）。とくに、輸出産業に主要な企業が多い日本において、さらにデフレにまで陥っている経済状況であれば、なおさらである。

その理由については、以下の5つの効果が考えられる。

(1) デフレが和《やわ》らぐことが、国内の設備投資、消費の数量を増やす効果

円安でガソリンなど国内に代替品のない輸入品の価格が上がると、企業にとってはコスト増になる。ただ、企業が価格上昇分の一部を販売価格に上乗せするため、日本経済全体にとって考えてみれば、日本国内の物価下落に歯止めがかかることになる。もちろん、需要が減り続ければ、デフレは完全に止まらない。しかし、輸入品の価格上昇で、物価下落が和らぐことはたしかだ。それをきっかけに、今後もデフレが続くという人々の予想に変化が現れ、民間の経済活動が前向きなものに変わっていく。

現状、日本経済における一番の問題は、デフレと経済成長率の停滞である。それは言い換えれば、総需要が増えないことである。要するに、不景気が長引き、デフレにまで陥った結果、消費者が将来に不安を抱いて商品やサービスの購入を控えたり、企業が活発に投資を行わなくなっているということだ。

この総需要（＝消費と投資）の停滞は、「今後も物価は下がり続けるだろう」という人々の予想に基づくものだ。物価下落が続くと予想すれば、欲しいモノがあっても「後でもっと安くなるから」と考え、現時点では買い控えようとするだろう。反対に、「今後、物価は上がり続けるだろう」と予想すれば、欲しいモノがあった時「後で買うと高くなるから」と判断するようになって、その場での購入につながる。それは、企業の投資行動についても同じことがいえる。

「物価が今後も下がり続ける」という予想が定着している日本の場合、円安がデフレ予想を和らげることで輸出企業を中心に企業利益が大きく増え、さらには株高をもたらすことを通じて総需要も増え、日本経済全体にポジティブな影響が生じるのである。

（２）日本企業の輸出競争力が高まる効果

為替レートの変動は企業の輸出競争力に直結する。企業の輸出競争力とは、他国のライバル企業よりも、同じ種類の似た製品をどれだけ安く提供できるかという、その度合いのことである。

円安になって輸出企業の利益が増えるということは、裏を返せば日本から輸出する商品を、ドルなどの外貨ベースで「他国よりも安く」輸出することができるようになるということである。

ふたたび、パナソニックが1台1000ドルの液晶テレビをアメリカに輸出するケースで説明しよう。

1ドル＝80円から1ドル＝100円へと円安が進めば、先に説明したように売上が増える。その際パナソニックは、増収分をそのまま利益にするのではなく値下げ分に当てて、ドル建ての販売価格を1000ドルから800ドルに引き下げる、という戦略を選ぶこともできる。

これによってパナソニックは、他国の競合企業との輸出競争において、価格の面で優位に立ち、より多くの個数、製品を海外に輸出できるようになる。そして、このことはパナソニックのみならず、日本の輸出企業全体にあてはまる（実際に、為替の変動で輸出競争力が変わり、それが1年程度のタイムラグを経て輸出の値動きに影響することは、「Jカーブ効果」などの分析から得られる事実である。Jカーブ効果とは、為替レートが円安になると当初は貿易収支が悪化するものの、それが一定期間を経過すると今度は黒字に向かって上昇する〈＝J字型を描く〉ということを分析したものだ）。

（3）地方の地場産業や観光業に与える効果

円安による日本の産業への正の影響は、輸出企業にあてはまるだけではない。

円高が行きすぎると、（円高が起こる以前と比べて）輸入品の価格が安くなりすぎる。そのため日本の消費者が、国内産の食料品や洋服や家電などを買い控え、海外からの輸入品の消費を選択する結果、国内商品の売上が減る。また、国内旅行ではなく海外旅行に行くという人も増える。つまり行きすぎた円高は、海外からの輸入品と競争をしている日本の漁業や酪農業、地方の地場産業や観光業など（＝輸入品競合産業）の利益を奪っていくのである。

かつ円高の状態では、海外の輸入品が（円ベースで）安くなるわけだから、日本でもともと売られている商品やサービス・資産は、円ベースで値下げをしないと、（輸入品に負けてしまうことになり）十分に売れない。つまり、デフレが続く中での、「円高を放置する」という態度や「円高は良いことである」という発言は、日本国内の商品やサービス、資産の価格下落を容認することと同じ意味をもっているのである。

これに対し、円安による日本の産業に対する正の影響は、輸入品と競合する国内産業の競争力を高めることにも及ぶ。さらに円安になれば、円ベースで値下げをしなくても、日本の商品や資産を購入する外国人も増え、海外から日本への観光客が増えることにもなるのである。

（4）海外工場や店舗においてドルベースで計上している売上・利益が円ベースでふくらむ効果

日本は250兆円規模に及ぶ、世界一の「対外債権」を持つ国である。対外債権とはたとえば、企業が海外に保有している工場や店舗などの資産や、銀行や生命保険会社や政府が保有しているアメリカ国債などの金融資産のことだ。

銀行や企業はこれらの資産から毎年収益を得ているわけだが、円安になると、これらの資産が生み出す円ベースの利益も増える。

これについて、三たびパナソニックの液晶テレビのケースを取り上げよう。

今回は、同社がアメリカの現地工場において、1台1000ドルの液晶テレビを生産し、現地で売上を上げたとする。現地工場におけるドル建ての売上は、日本企業の場合、最終的に円換算した上で計上される。だから、1ドル＝80円だと、アメリカでの売上は1台8万円となるが、1ドル＝100円へと20円の円安が起これば、それが10万円になるわけだ。

とりわけ自動車産業のように、アメリカなどに多くの工場を持ち、現地生産を広げている製造業にとってみれば、円安が進むと、現地におけるドルベースでの売上や利益が、円ベースで相当ふくらむことになる。

また最近では、大手スーパーやコンビニエンスストアなどの非製造業が、アジアなど海外市場に大々的に進出しており、それらの企業で、同地域での売上が占める割合が高まっている。それらの国々の通貨に対して円安が起これば、これら海外展開をしている非製造業などの円ベースでの売上もふくらむことになる。

日本経済にとって重要なのは、あくまで円ベースの価格である。だから円安によって海外で売り上げた金額が増えれば、日本経済を大きく底上げすることにもなるのである。

（5）円安によって日本国内の雇用が増える効果

円安によって、製造業の多くで輸出競争力が高まり、同時に売上・利益も回復する。このため、円高とデフレのダブルパンチを受け、閉鎖が相次いでいたような、付加価値の高い製品を提供できる日本国内の工場の多くも、円安によって存続ができるようになる。

また、円高時代に海外に拠点を移した企業や工場が、日本に戻ってくるという効果も出てくる。こうして、産業の空洞化に歯止めがかかれば、国内の雇用も増えることになる。

雇用創出は工場を持つ製造業だけに留まらない。円安によって競争力を取り戻すのは、日本の伝統工芸や漫画などのコンテンツを提供する産業、地方の温泉街やスキー場といった観光業などの業種にも当てはまる。ずいぶん前から、日本は観光立国になることを目指しているが、その目標達成に最も効果があるのは、実は円安が起こることなのである。

2007年前半の円安が進んでいた時期に、オーストラリアドルなどが高くなったため、北海道のスキー場などにオーストラリア人を中心に多くの外国人が訪れ、リゾート地としてブームになった。日本という素晴らしい歴史や文化を持つ国にとって、円安が進めば観光客の数でフランスなどに匹敵する国になることは十分可能である。それが実現すれば、極めて大きな労働市場が形成されるだろう。

これまでに述べてきたことを、整理してみよう。

「円安」によって生じる効果には、次の5つがある。

①国内の設備投資、消費の数量が増える

②日本企業の輸出競争力が高まる

③日本の地場産業や観光業が活況になる
④海外工場や店舗においてドルベースで計上している売上・利益が円ベースでふくらむ
⑤日本国内の雇用が増える

そして、これらはすべて、日本国内の総需要（＝消費と投資）を増やすこと、すなわち、名目ＧＤＰ（＝名目国内総生産）が増えることにつながる。名目ＧＤＰとは、「政府による消費と投資」「企業による投資」「個人による消費と投資」の総合計のことで、日本の景気動向を示す数字である。

つまり、円安によって日本国内の総需要が増えれば、ストレートに日本の名目ＧＤＰが増える。結果、日本の景気が回復するということになるのだ。

円安で日本人の給与は増える

ここまでの話を、データによっても確認しておこう。

次ページの図2は、２００４年以降の日本のドル円相場と日本の名目ＧＤＰの推移を示したものだ。これを見れば、日本で円高が進むと同時に、日本の名目ＧＤＰがいかに減ってし

図2　ドル円相場 vs. 日本の名目GDP（2004年〜）

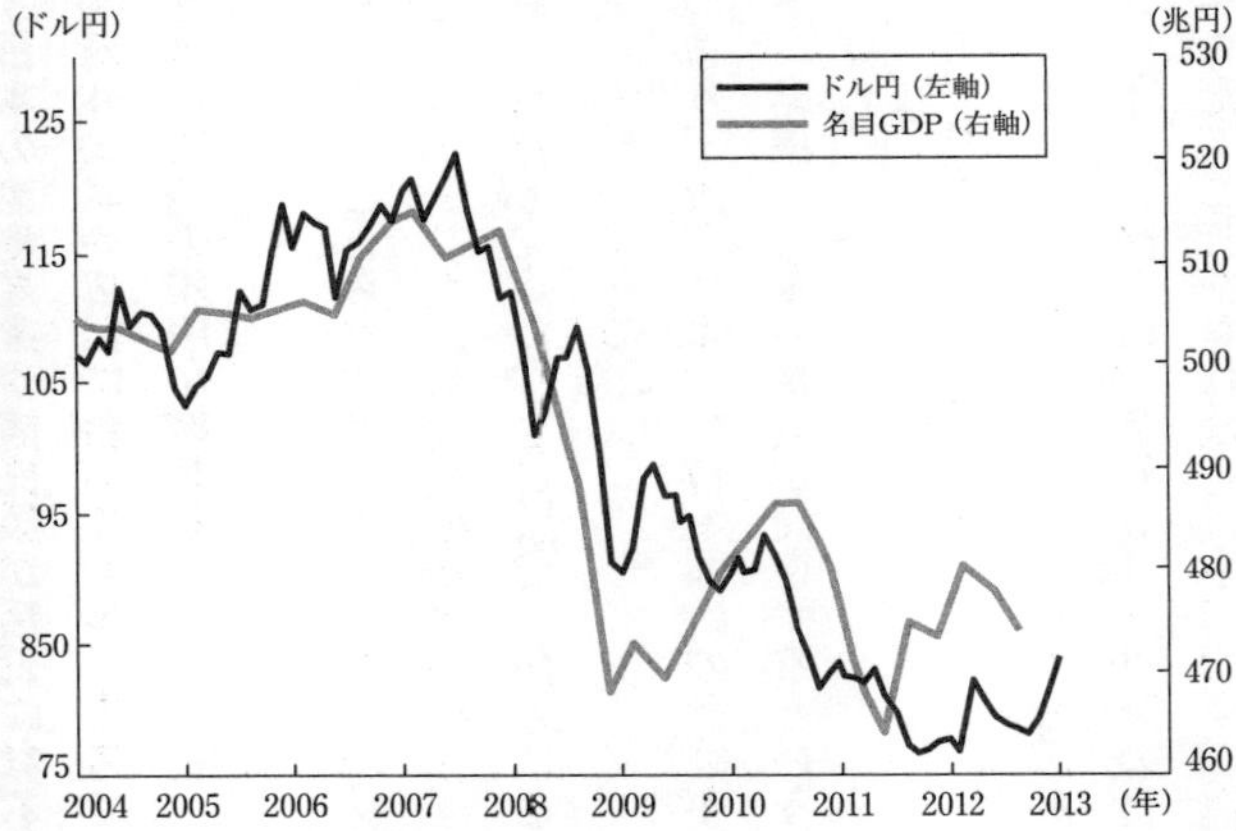

（出所）内閣府、日本銀行より筆者作成

まっているかがわかる。そしてこの動きは、円高によって日本人の給料が減ってしまうことを示した17ページの図1とも整合性がある。

もし日本でこのまま円安が続けば、現在のようなひどい経済状況は一変する。日本の名目GDPは回復し始め、日本人の給与も増える。つまり日本の景気は、円安によって回復させることができるということになるのだ。

第2章　為替レートは「予想インフレ率の差」で動く

どうでもいい雑音

前章で見たように、円高や円安などの為替相場の動きは、われわれの身近な経済活動に大きな影響を及ぼしている。だが、その動きが何によってもたらされているかについては、きちんと理解されていないのが実情である。

テレビや新聞に登場する識者といわれる人たちは、為替変動の根拠として、市場参加者の日々の思惑、株式など他の金融市場や各国の経済動向、または政治に関わるニュースといったことを挙げている。しかし、彼らの解説の中で、真《ま》っ当《とう》なものは実は非常に少ない。

たとえば、ドル円相場は2010年以降、とくに円高方向に進んだのだが、その際メディアでは、以下のような解説がなされていた。

「欧州債務危機への不安から円高が進んだ」
「株が売られる『リスクオフ』になったから円高になった」

そして、円安方向に振れてきた最近では、次のような解説が流行だろうか。

「日本が貿易赤字になったから円安になった」

しかし、これらの解説は、為替相場における表層的な動きを表しているにすぎない。

筆者は、現在大手オンライン証券のチーフエコノミストとして、個人投資家の方々に向けて世界の経済、金融市場の動向を分析し、自らの相場観を示す仕事をしている。それ以前の８年間は、内外の機関投資家（プロの投資家）に対して、日本経済の分析、予想を示しながら、為替・株式・債券市場で日々闘っている投資家と議論を重ねてきた。

長らくマーケットの最前線に関わってきた者の視点からすると、右に挙げたような相場解説は、為替市場の本質を理解していない、いわば「どうでもいい雑音」にすぎない。しかし残念ながら、個人投資家の方は、メディアに登場する識者のコメントこそが正しいと思ってしまうようだ。

「リフレはやばい」か？

投資家の方々が、こういった雑音に惑わされてしまうのは、ある面では仕方がないともいえるだろう。

なぜなら、筆者がこれから述べる、「為替相場変動の本源的価値」のような話は、海外では常識となっているものの、日本国内においてはこれまでメディアで紹介されてきたことはほとんどなく、また日本国内の識者と呼ばれる人たちの多くも、その意味を認めてこなかったからだ。

さらに、筆者が主張する、リフレーション政策（リフレ政策）についても、多くのメディア・識者が、10年以上にわたって否定し続けてきた。リフレ政策とは、金融政策によって脱円高・脱デフレを達成する政策群のことで、その起源は、アメリカの経済学者であるアービング・フィッシャーの論文に求められるものである。

筆者はリフレ政策の必要性をさまざまな場で発信してきたのだが、ことあるごとに次のような質問をされてきた。

「村上さんのおっしゃることはすごくよくわかります。では、なぜ日本国内ではリフレ政策を否定する人の方が圧倒的に多いのですか？　ということは、村上さんの話が間違っているということにはなりませんか？」

筆者はこうした声と向き合うために、本章で為替レートが動く本質的な理由を説明し、メディアで流れる識者のコメントが、そうした本質とは、いかにかけ離れているかということを述べてみたい。

実は、２０１２年12月に日本国総理となった安倍晋三氏が唱えている「金融緩和の強化政策」（＝アベノミクス）こそが、筆者が長年唱え続けてきたリフレ政策に近いものである。本書の最終章となる第6章では、この「アベノミクス（が適切に行われること）によって、どの程度の円安が起こり、その時日本経済はどう変わっているか？」を予測している。

現在（２０１３年2月）、アベノミクスの発動と同時に、脱円高（＝円安）と株高の動きが加速度的に生じているため、最近はリフレ政策に対する批判の声も比較的少なくなってきている。しかし依然として、少なからぬ雑音が寄せられてきているのもまた事実である。

本書の読者であるあなたには、「世間一般で言われている説」を鵜呑《うの》みにするのではなく、「どちらの説が正しいか？」を自分の頭で考え、公平な視点で読み進んでもらいたい。

1杯1000円の担々麺が、翌日は2杯で1000円になる!?

為替レートが動く本質的な理由を説明するにあたって、まず、為替レートとは何かを説明する必要があるだろう。

たとえば、ドル円相場とは、通貨ドルと通貨円の交換レート（＝交換比率）である。では、貨幣（＝通貨）の価値とは何だろうか？　具体的には、われわれの財布の中にあるお金の価値である。千円札なら1000円の価値、一万円札なら1万円の価値があるということだ。

それでは、「通貨の価値が変化する」とはどういうことか？　禅問答みたいで恐縮だが、もう少しお付き合いいただきたい。

たとえば千円札の価値は、昼食や散髪など、それによってわれわれがどのようなモノやサービスを得られるかで決まる。日本のようにデフレが長く続いている国であれば、千円札の利用価値は高まる。

「千円札の利用価値は高まる」とは、たとえば東京・麹町《こうじまち》にある中華料理店「登龍」の坦々麺を昨日までは1杯1000円で食べられていたのが、今日は1000円で2杯食べられるようになることを指している。これは、登龍の坦々麺（＝商品）の価格が一夜にして半分に下落したことを意味する一方、お金（1000円）の価値（＝利用価値）が、一夜にして倍に**高まった**ということを意味している（ちなみに、この「登龍」がある麹町に、私の勤めている証券会社がある）。

このお金の利用価値こそが、お金、つまり貨幣（＝紙幣）の価値である。

為替レートが動く時

そして、ドルと円の交換比率（＝ドル円相場）は、千円札や10ドル札といった、日米の「通貨の価値」が変化することで変動することになる。

日本で、担々麺などのモノに比べてお金（＝円）の価値が高まると、各国通貨の交換が行われている為替市場においても、通貨高（＝円の場合は「円高」）が起きるのだ。

単純な話、「円高」というのは、その名の通り、為替市場において「円の価値が（海外の通貨に対して相対的に）高まる（＝上がる）」ことを意味している。そして、為替市場におけるドルや円の価値は、各国通貨どうしの相対的な価値によって決まる。

為替レートはなぜ動くのか？

そして、各国の通貨価値が変わる時というのは、各国の物価が変わる時と同じである。なぜなら、「登龍」の坦々麺（＝商品）の価格（＝物価）が半分に下落した時、同時に１０００円（＝通貨）の価値は倍になっていたからである。つまり、ある国の通貨の価値が倍になるということは、その国の物価が逆に半分にまで下落することを意味している。

このことを踏まえると、物価の変動は、物価の上昇率（＝インフレ率）の変動であるということがわかる。そして物価の変動とは、同時に貨幣価値の変動も意味しているのである。

物価と貨幣価値の関係を整理すると次のようになる。

日本において物価が下落すると（＝インフレ率が下がると）、貨幣の価値は逆に上がる。この時、日本の通貨である円の価値は、為替市場においても（相対的に）上がるという状態が生じる。結果、為替市場において**「円高」が起こる**ことになるのだ。

★日本の物価が（他国に比べ相対的に）下落すると（＝インフレ率が下がると）、「円高」が起こるここで、結論を先取りすれば、**２国間の為替レートは「両国のインフレ率（＝物価の上昇率）」が変動することで動く**ということになる。これが、為替レートが動く本質的な理由である。

読者の方々が、為替レートの動く理由として思い浮かべるのは、先に識者のコメントとして挙げたような、「貿易収支が赤字だと通貨が安くなる」「株が下がると円高になる」などというものだろう。しかし、これらは、短い期間に限ってみれば、為替相場に多少影響することがあるというものに過ぎない。

もちろん、そういった短期的な為替レートの変動が、時に重要な局面になることもなくはない（これについては、次章でくわしく検証する）。ただ、これらの変動要因は、為替レートの本質である「通貨の価値」とは基本的には関係がない。もし、あなたが投資家なら、そこをきちんと見極めなければいけないだろう。

物価や通貨価値を決めるもの

それでは、貨幣の価値、物価上昇率（＝インフレ率）はどのように決まるのか。

それは、長期的には中央銀行の金融政策で決まる。為替相場は市場参加者の思惑で日々動いているように見えるが、実際には、各国の貨幣価値を決める権限を唯一持っている中央銀行の金融政策によって（かなり多くの場合）決定されているのである。

噛み砕いて説明しよう。

商品やサービスの経済的な価値は、貨幣によって値付けされている。**中央銀行が金融政策により貨幣の量（＝通貨供給）を増やすと**、これら商品やサービスの量が、貨幣の量に対して相対的に少なくなる。

逆に貨幣の量は、商品やサービスの量に対して相対的に増えることになるのだが、これは貨幣の希少価値が失われることを意味する。そのため、貨幣の価値は低くなる。

一方で、貨幣によって値付けされている商品やサービスの価値は、逆に高まる。こうして、商品やサービスの価値の上昇――**インフレ（＝物価の上昇）――が起こる**のだ。

〝原因〟と〝結果〟をつなげると、次のようになる。

★中央銀行が貨幣の量（通貨供給）を増やすと、インフレが起こる

そして、実際に中央銀行はマネー（＝通貨）をいくらでも創出することができるし、一方

で、マネーを市場から吸収することもできる。これが中央銀行による金融政策の本質である。つまり、**物価や通貨価値の高低は、各国の中央銀行による金融政策によって決定されるということなのだ。**

ここまでの話をまとめると次のようになる。

①為替レートは、物価上昇率（＝インフレ率）で決まる。
②物価上昇率は、各国の中央銀行の金融政策によって決まる。
③為替レートは、各国の中央銀行の金融政策によって動いている。

これが、為替相場変動の本質である。

これに基づけば、２００７年以降、円高が長らく続いた理由について、どういうことがいえるか？

それは、「**２００７年以降、日本の中央銀行である日本銀行（日銀）が、通貨の量を減らす方向に金融政策を行ったため、為替レートは円高になった**」ということだ。

円高に至るまでの過程

日銀の金融政策が、（ドル円相場で）円高を導くまでには、次のような段階がある。

（1）日銀が通貨の量を減らす方向に金融政策を行ったということは、言い換えれば、日銀が引き締め気味の金融政策を行ったということである。

（2）それは、市場全体（＝日本経済全体）に流通する円の総量を、日銀が減らす（あるいは十分供給しない）ということでもある。

（3）日銀によって発行された「円」は、個人や企業や政府の手によって「投資」か「消費」か「貯蓄」に使われる。

（4）円の総量が減れば、「投資」「消費」「貯蓄」に使われるすべての円も相対的に減る。このうちの「投資」には、「投資家による株や不動産などへの投資」や「企業による設備投資」の他に、「投資家が為替市場で行う投資」も含まれている。

（5）為替市場に流入する円の総量が減少する。

図3　日米のベースマネーとドル円相場

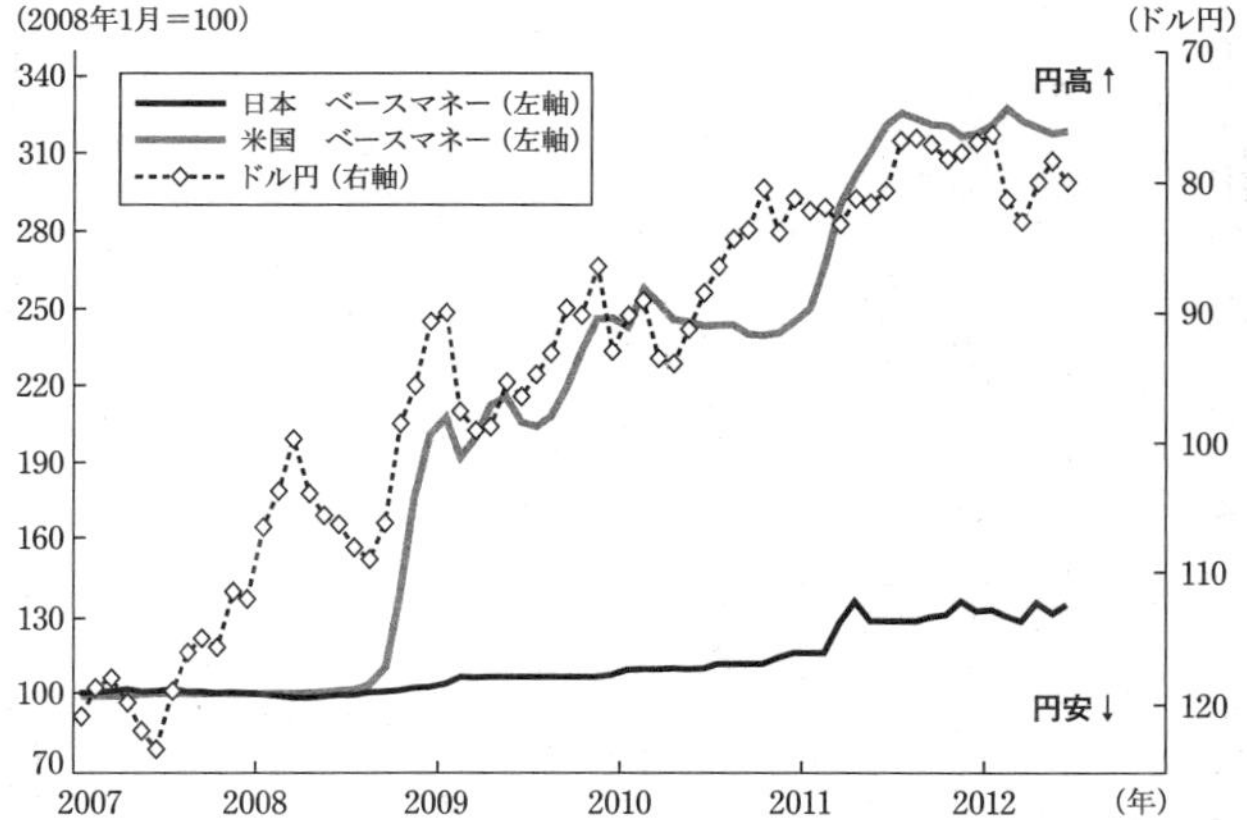

(出所) FRB、日本銀行より筆者作成

（6）為替市場に流入する米ドルの総量に対して、流入する円の総量が相対的に減ると、為替市場において米ドルに対する日本円の価値が相対的に上がる。その結果「円高」が引き起こされる。

日米ベースマネー比率とドル円相場が連動

円高に至る過程は右の通りだが、（6）にあるように、本質的には為替市場においてドルの総量が円の総量を上回らないと、ドル円相場で円高は起きない。

では2007年以降続いた円高の際、実際にそうなっていたのか？

ここで、図3を見ていただこう。これは、日米両国のベースマネー（＝中央銀行が供給する貨幣量）の推移と、実際のドル円相場の推移を示したものだ。

これを見ると、アメリカの中央銀行に相当するＦＲＢ（連邦準備制度理事会）がドルの供給量を大幅に増やしたのに対し、日銀による円の供給量は少なかった。いや、少ないというより、ほとんど不変だった。そのために、ドルの相対的な価値が下がり、円の相対的な価値が上がった結果、実際の為替レートが「円高・ドル安」方向に動いていることがわかる。

為替レートが、常にこのようにベースマネーの動きに沿って動くわけではない。実際には、その時々の金融市場や経済状況によってバラつきやタイムラグが生じることもある。しかし、為替レートの趨勢《すうせい》は、中央銀行の金融政策、そしてその結果動く物価（＝貨幣価値）の変動率で決まる、という本質は変わらないのである。

このことを、87年の時点にまでさかのぼり、そこから現在に至るまでの日本とアメリカのベースマネーの変化を見ながら検証してみよう。

次ページ図４の左の目盛りはドル円相場、右の目盛りは日米のベースマネーの比率である。右の目盛りは、上に行くほど日銀のベースマネーが多くなっていて（＝日米ベースマネー比率が下がっていて）、下に行くほど米ＦＲＢのベースマネーが多くなっている（＝日米ベースマネー比率が上がっている）ことを表している。そしてこの比率に変化があった時という

図４　日米のベースマネー比率とドル円相場

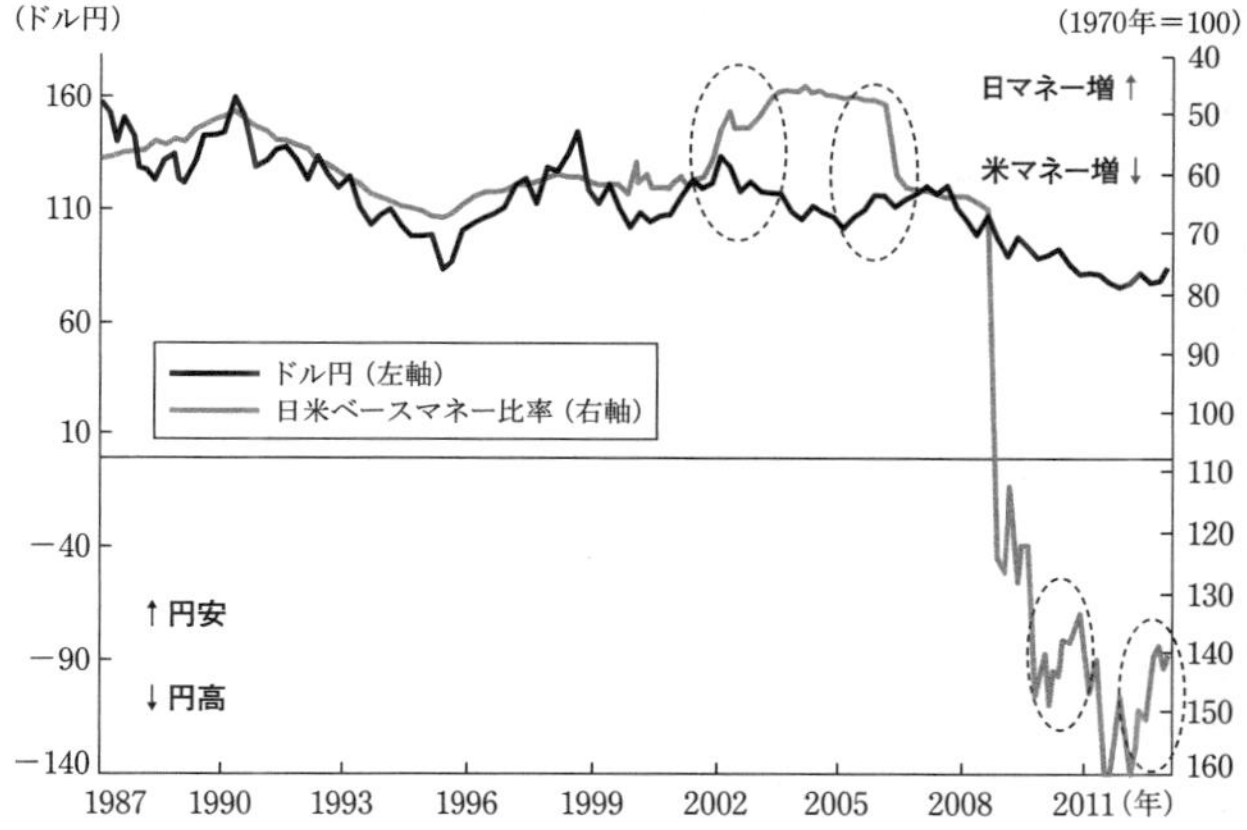

（出所）日本銀行、FRBより筆者作成

のは、両国のいずれか、もしくは両国ともに金融政策に変化があった時である。

ほとんどの期間で、日米ベースマネー比率とドル円相場が連動していることがわかるだろう。つまり、「ベースマネー比率の方向」が変わると、「ドル円相場の方向も変わる」ということである。

なお、図４で表したような「日米のベースマネー比率とドル円相場の関係」については、著名な投資家であるジョージ・ソロス氏が開発した「ソロスチャート」として知られている。ソロスチャートについては、批判を含めてさまざまな意見があるが、いずれにせよ市場で大勝利を収めたソロス氏が開発したものゆえ、為替市場の本質を表したチャートであるともいえるだろう（興味深いことに、この原稿を書いている2013年2月14日に、ちょうど「ソロス氏：円安見込んだ投資で10億ドル稼ぐ」と題する記事がブルームバーグに掲載されている）。

購買力平価説

ここまで、「2国間の為替レートは両国のインフレ率が変動することで動く」という説明をしてきたが、実はこの考え方は、経済学でいうところの「購買力平価説」と同じものである。

購買力平価とは、2国間で同じモノは、同じ価格になるよう為替レートの調整が進むという考え方だ。これを敷衍《ふえん》したものが、「為替レート変動の本質は、各国のインフレ率（＝モノの価格）の変動によってもたらされている」という説明である。

そのことを、日米双方でチェーン展開している「マクドナルド」のハンバーガーの例で考えてみよう。

たとえば、ドル円相場が1ドル＝100円の時、日本でデフレが起きて（＝インフレ率が低下して）マクドナルドのハンバーガーが150円から100円へと値下げされ、一方アメリカではインフレが起きて（＝インフレ率が上昇して）、同じマクドナルドのハンバーガーが１５０円から２００円へと値上げされたとしよう。

この場合、１ドル＝１００円だったドル円相場は、２国間の（為替相場で換算した時の）価格を同じにしようとする力（＝購買力平価の力）が働くため、１ドル＝50円へと円高・ドル安方向に調整される。

これが購買力平価の考え方である。

なぜそうなるかといえば、それは同じモノに対して２つの価格が存在すると、それぞれの価格が等しくなるよう調整するための取引（＝裁定取引）が、世界の開かれた市場全体で行われるためである。

その過程をたどると、次のようになる。

（１）ある企業が、日本で１００円で売られているハンバーガーを大量に仕入れ、アメリカに持って行って２００円で売るという商売を展開すれば、その企業は濡れ手に粟《あわ》の状態で稼ぐことができる（話を単純化するため、輸送費にかかるコスト等は計算に入れないことにする)。

(2) このとき為替市場では、ハンバーガーを日本で買ってアメリカで売るために、手持ちのドルを日本円に替えるという取引が行われることになる。

(3) この取引は、「ドル売り・円買い型」の取引である。

(4) 為替市場において「ドル売り・円買い型」の取引量が「ドル買い・円売り型」の取引量を上回ると、円の価値は上がり、円高という流れが生じる。

(5) このような取引(=裁定取引)は、ハンバーガーだけでなく、日米間で同じく売られているすべての商品において(理論上)繰り広げられることになる。

(6) その結果、ドル円相場は、日米間のすべての商品の価格差がなくなるところまで調整される。

さらに、この取引は、1ドル=50円水準に変動するまで続けられ、1ドル=50円ジャストの時点で、理論上は止む。なぜなら、その時点で、「ハンバーガーを日本で安く仕入れアメリカで売る」という取引によって企業に発生する利益はゼロになるからだ。

なぜそうなるかは、次のような理屈による。

①　１ドル＝１００円の状況では、日本において１００円で調達したハンバーガーをアメリカに持って行くだけで２００円で売ることができた。

②　１ドル＝50円になると、同じく日本において１００円で調達してきたハンバーガーを、アメリカにおいてドルベースでの値段が変わらなければ１００円で売ることになる。この時企業は、１００円で買ったものを１００円で売っても利益は当然出ない。

かくして、為替市場に次のような変化が起きる。


（Ⅰ）１ドル＝50円になった時、その取引による企業の利益はゼロになる。

（Ⅱ）取引による利益がゼロということになれば、その企業はその種の取引（＝商売）を止める。

（Ⅲ）その商売を止めるということは、為替市場における「ドル売り・円買い型の為替取引」も止むということを意味している。

（Ⅳ）為替取引が止まれば、為替レートの変動は止まる。つまり、為替レートは「１ドル＝

50円」の水準で安定する。

これが購買力平価によって為替が動いているということの理屈であり、筆者が主張する「各国のインフレ率の変動によって為替レートが動く」ということのメカニズムである。ただし、(Ⅳ) の「為替レートが安定する状態」というのは、日米双方のインフレ率がともに安定的に推移していることが前提である。その意味で、購買力平価のメカニズムが外為市場において働いている時、アメリカのインフレ率が日本のインフレ率よりも高くなっている状況が続く場合は、いつまでも円高が起こり続けるということになる（そして、そのことが、正に2012年末まで続いていた円高を引き起こしていたのだ)。

筆者が「為替レート変動の本質は、各国のインフレ率の変動によってもたらされている」と断言するのも、この購買力平価の話に則っているからだ。そして、この購買力平価の話（＝購買力平価が為替レートを長期的に動かしているという話）を否定する経済学者の説を、筆者は寡聞《かぶん》にして知らない。

投資家の予想

さてここまで、為替の動きをわかりやすく解説するため、便宜上、為替相場は「日米ベースマネーの比率によって動く」、あるいは「日米インフレ率の差が変動すると、為替は動く」としてきた。

しかし実際の為替相場を厳密に見ていくと、「日米ベースマネーの比率」よりも、「強く動かす要因」があるということがわかる。

それは「投資家の予想」である。投資家の予想とは、くわしくいえば、「その時（外為市場に参加している）投資家の多くは、その後為替相場が円高に動くか？　あるいは円安に動くか？　のどちらの方向で考えているか（＝予想しているか）」ということである。

すなわち、外為市場に参加しているすべての投資家の思惑（＝予想）によって通貨が売り買いされ、その結果として、通貨の交換レート（＝為替相場）が動いているというわけである。

ということは、「その時点での投資家の予想に変化をもたらしたのは何か？」を調べることができれば、「為替はなぜ動くか？」が把握《はあく》できるようになるということだ。

日米予想インフレ率の差

ところで45ページ図4のソロスチャートには、○で囲んだ時期があるが、この時期は、「日米ベースマネー比率の変動に合わせドル円相場が動く」という説が当てはまっていない。ソロスチャートにはこういう時期があるので、アゴラ研究所代表取締役社長の池田信夫氏は、ブログで次のような批判を展開している。

上の図は、バランスシート（ベースマネー）と為替レートの相関を示す「ソロス・チャート」である。90年代まではある程度の相関が見られたが、２００２年以降の量的緩和では大きくはずれ、近年のＦＲＢのＱＥでもはずれている。（略）このように通貨供給で為替レートを説明する「マネタリーアプローチ」はもはや説明力を失った理論である。

（「池田信夫 blog part2」の２０１３年1月19日の記事「浜田宏一氏のゾンビ経済学」より引用）

しかし、このソロスチャートでは説明できない時期こそが、「為替相場は予想で動いている」という分析をする上で絶好のポイントなのである。そして、この「ソロスチャートで説明できない時期の為替相場の動きの秘密を解き明かす」ことこそが本書の隠された主題なのだ。

では、このソロスチャートで説明できない時期（＝日米ベースマネー比率の変動とドル円相場の動きが乖離《かいり》していた時期）に、「為替相場を動かしていたもの」の正体は何なのであろうか。

答えを先にいうと、**「日米予想インフレ率の差」**である（＝より厳密にいうと、外為市場に参加している投資家全員の「日米予想インフレ率の差」〈の平均値〉）。そのことを次の流れで説明したい。

（１）予想インフレ率とは、たとえば外為市場に参加している日本の投資家が、「その後日本で何パーセントのインフレが起こると予想しているか？」の平均値である。

（２）そして、日米予想インフレ率の差とは、「アメリカの予想インフレ率－日本の予想インフレ率」という式で表されるもので、アメリカの予想インフレ率が日本のそれより高くなるにつれ、日米予想インフレ率の差は広がっていく（２０１３年２月現在、アメリカの予想インフレ率の方が日本のそれより高い)。

ではなぜ(外為市場に参加している投資家の)日米予想インフレ率の差が変動する時に、為替相場が動くのか? それは、これまでに述べてきた「為替相場は各国のインフレ率が変動することで動いている」という話を起点にするとわかりやすい。これを以下、①~⑦の順で説明しよう。ちなみに、「為替相場は各国のインフレ率が変動することで動いている」とは、「ドル円相場は日米インフレ率の差によって動いている」を言い換えただけのものである。

① 為替相場への投資は、株式投資と同じく、投資家が先の値動きを予想し、「こう動く」と踏ん切りをつけた時点で投資が開始されるものである。なぜなら、先行投資みたいなものだから、実際に値動きがあってから投資していたのでは、「高値掴みの安値売り」みたいなことになって、負けることになってしまうからである。

② つまり為替相場は、多くの投資家が「為替レートがその後円高(もしくは円安)方向に動く」と確信的な予想を抱いた(=踏ん切りをつけた)時点で即座に動く。

③ では、為替相場が円高方向に動くのはどういう時か? それは購買力平価の話でした通

り、長期のスパンでいえば、日本のインフレ率が低く、アメリカのインフレ率が高い時（＝日米インフレ率の差が大きくなった時）に、最終的には円高が起きる。

④ということは、ドル円相場に参加している投資家は、無意識的に（明確に意識して投資をしている人もいるだろうが）「その後、日本とアメリカのインフレ率がどう変動するか」を予想しながら投資活動を行っている（場合が最も多い）ということになる。

⑤このように投資家は、結果的に、日米のインフレ率の差が今度どう変動するかを（無意識的に）予想しながら投資を行っている（場合が最も多い）ということである。

⑥つまりは、「（多くの場合）投資家は、（無意識的に）自分の頭の中での『日米予想インフレ率の差の変動』に合わせて投資活動を行っている」ということになる。

⑦ここにいたってようやく、「為替は（外為市場に参加している投資家の）日米予想インフレ率の差の変動によって動いている（場合が最も多い）」ということが見えてくるようになる。

最先端の経済学が扱う「期待」

この「（外為市場に参加している投資家が抱く）予想インフレ率が、為替レートに大きく影響する」という話はあまりされないので、初めて耳にする読者も多いかもしれない。その理由の一つには、予想インフレ率を定量的に正確に計測する方法が日本では整っていないことが挙げられる。

アメリカにおいては、物価連動債（元本やクーポン〈＝利子〉収入が物価に連動して動く債券）が広がっており、それが、投資家が抱く予想インフレ率を表すのにある程度有用な指標となる。しかし、日本においては、２００４年にようやく物価連動債が発行されたものの、幅広く取引されていないため、一部の投資家の思惑で極端に動くなどの特徴がある。最近では、ようやくこの指標も整いつつあるが、以前はアメリカと対比させて正確に予想インフレ率格差を計測することが難しかったのである。

そして、この「予想」の話が、経済学の世界では、最近になって重視されるようになってきた新しいテーマであることも、広く知られていないことに影響している。ちなみに経済学の世界では、「予想」を、「期待」という専門用語（英訳：expectation）を使って表現している（だから経済学的にいえば、たとえば「予想インフレ率」は「期待インフレ率」という言葉で表現されているものである）。

95年にノーベル経済学賞を受賞したシカゴ大学のロバート・ルーカスが、70年代、経済学に「人々の期待」の話を採り入れ、それが経済学の世界で一世を風靡《ふうび》した。これをきっかけに、マクロ経済学の世界に「期待」の話が重要であるという認識が広がったのである。アメリカでは、オリヴィエ・ブランシャール（ＭＩＴ＝マサチューセッツ工科大学の教授で、現ＩＭＦチーフエコノミスト）が著した、大学で使うマクロ経済学の教科書でもくわしく扱われている。

このように、「期待」――もとい「予想」――は、現在最先端をいく経済学者の間で分析されているものである。だから筆者が提示した「投資家の予想の話を採り入れたような為替レート変動の理論」は、まだ世の中にはあまり広まっていないのだ。

為替は本当に予想で動いているのか？

では実際、ドル円相場は本当に「外為市場に参加している投資家が抱く日米予想インフレ率の差の変動」に連動しているのか？　それをある程度確認できるのが次ページの図５だ。

このグラフには、アンケート調査から導き出される「**企業が抱く**日米予想インフレ率の差」の推移と、実際の「ドル円相場」の推移が示されている。

ざっくり言えば、このグラフから、「（**企業が抱く**）日米予想インフレ率の差の推移に連動

図5　日米予想インフレ率格差 vs.ドル円相場

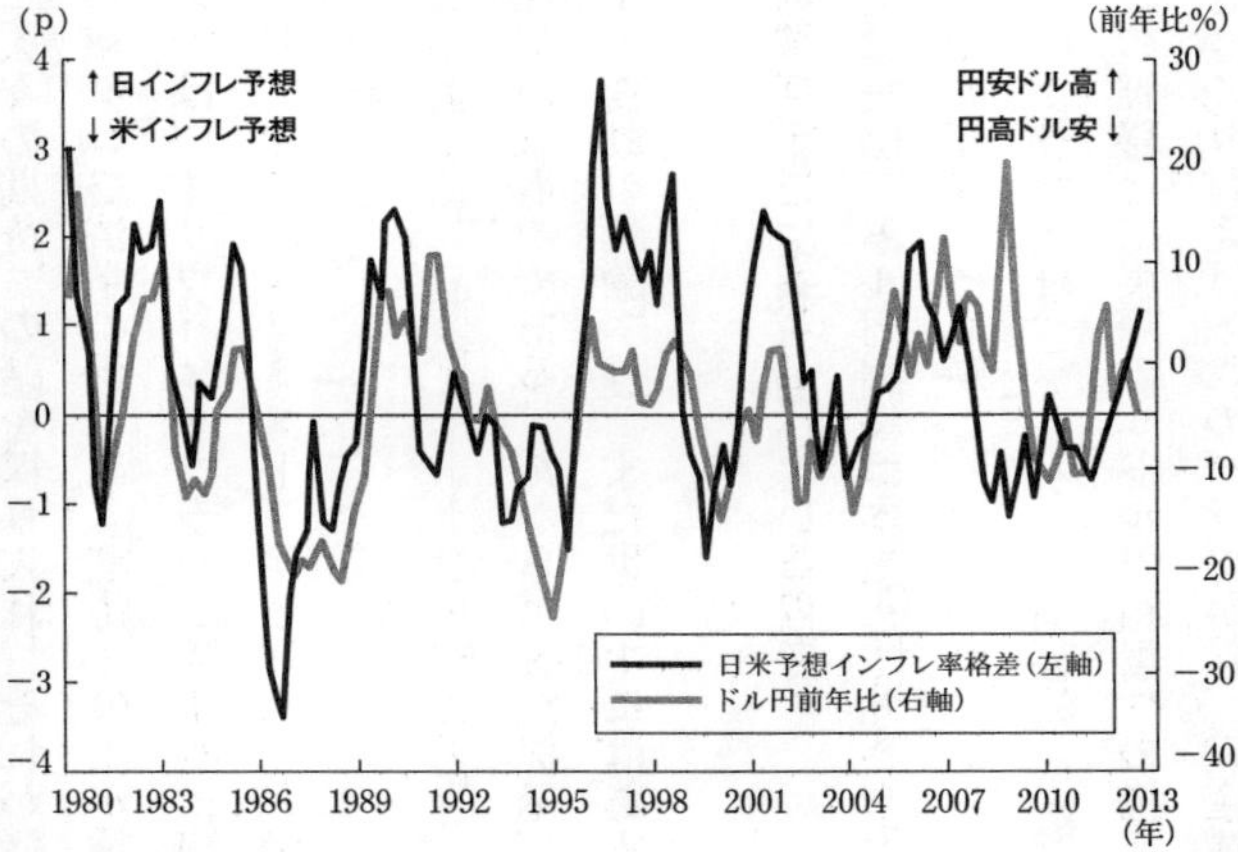

（出所）日本銀行、ISMより筆者作成

するかたちで、実際にドル円相場が動いている」という事実がわかるのだ。

とはいえ、このグラフにも（かなりの部分で当てはまっているが）完全に一致しているとは言えない部分がたしかにある。それは、このグラフが「**外為市場に参加している投資家**が抱く日米予想インフレ率の差」の推移ではなく、「**企業**が抱く日米予想インフレ率の差」の推移を描いているものだからだ。

もしも「外為市場に参加している（すべての）投資家が抱く日米予想インフレ率の差（の平均値）」を厳密に数値化することに成功すれば、その数値と実際のドル円相場がもう少し正確に連動していることを示す図を描けるだろう。しかし残念ながら、現在の経済学では、まだその方法が編み出されていない。

だから、ここでは「外為市場に参加している投資家が抱く日米予想インフレ率の差」の近似値である「企業が抱く日米予想インフレ率の差」の数字を代替的に使用しているのだ。

ただし、どちらの数字も、同じ日本の市場で真剣に取引（一方は為替取引、一方は実際の商い）をしている人たちの予想を反映して数値化したものである。そのため、ほとんど同じ形・方向で動いていることには違いない。

だから、このグラフをもって、かなり正確に「ドル円相場は、（外為市場に参加している投資家が抱く）日米予想インフレ率の差で動いている」ということを確認できるわけである。

「日米ベースマネーの差」を持ちだした意味

ではなぜ筆者は当初、「為替は日米ベースマネーの比率によって動く」という話を持ちだしたのか？

それは、たとえばアメリカのインフレ率の変動――もとい、それ以前の予想インフレ率の変動――が生じるのは、多くの場合、ＦＲＢが供給するベースマネーの量が変更される時であるし、日本のインフレ率の変動も同様に、日銀が供給するベースマネーの量が変更される時であるからだ。

つまり、「予想」の話を一般の人々に理解してもらうのはなかなか難しく、日米ベースマネー比率が、日米予想インフレ率の変動を引き起こしている場合がかなり多いため、便宜上「為替は日米ベースマネーの差で動く」と説明していたということである。

しかも、この説明は、「為替レートは双方の国のインフレ率の変動に応じて動いている」という話を直感的に理解するのに有効であるため、話が迂回《うかい》するのを承知で持ちだしたわけだ。

ところで、前述の池田信夫氏は、ソロスチャートを持ちだして為替相場の動きを解説する米イェール大学の浜田宏一教授に対して、「古ぼけた経済学（＝ゾンビ経済学）の知見で経済を分析している人である」といったレッテルを貼っているわけだが、そもそも浜田教授は「予想の重要さ」を、（もちろん筆者以上に）わかりすぎるほど理解されている。

それは浜田教授が、最新の著書『アメリカは日本経済の復活を知っている』（講談社）の中で、予想の重要性を取り上げ「ゼロ金利のもとでは、金融の量的緩和は有効とはいえ、効果が弱くなる。効果を強めるためには、人々に通貨にしがみつかせないため、『期待』に働きかける必要があるのだ」と書いていることからもよくわかるものだ（166ページより）。

つまり浜田先生も筆者と同じく、便宜上ソロスチャートを持ちだされているにすぎない。

ソロスチャートがハズれる時期

ところで、日米ベースマネー比率にドル円相場が連動していない時期（＝ソロスチャートがハズれている時期）というのは、端的にいえば、「日米ベースマネー比率の変化以外の〝何か〟が、日米予想インフレ率の変動に影響を及ぼしている時期」だということを表している。

それを踏まえた上で、ここまでの話をまとめると次のようになる。

（1）ドル円相場は（外為市場に参加している投資家の）日米予想インフレ率の差の変動によって起こっている。
（2）この日米予想インフレ率の差の変動は、かなり多くの場面で、日米ベースマネー比率の変動によってもたらされている。
（3）しかし、日米予想インフレ率の差の変動が、たまに日米ベースマネー比率の変動に連動しない時がある。それは、「日米ベースマネー比率の変動」以外の〝何か〟

の方が、「日米予想インフレ率の差の変動」に強く影響を与えている時期であるということである。

第3章　なぜ円高は定着したのか？

〜バブル以降の為替相場を検証する

前章の終わりに、ソロスチャートの中で、「日米ベースマネー比率の変動」以外の〝何か〟のほうが、「日米予想インフレ率の差の変動」に強く影響を与えている時期があるという話をした。

その〝何か〟とは何か？

それを探るために、本章では、日本が歴史的なバブルに沸いていた1989年以降、2011年あたりまでのドル円相場の動きを細かく切り取って詳細に見ていく。その過程で、「為替市場をその時々で動かしているものの正体」があぶりだされるだろう。

そして、そこから、2012年末から始まった今回の円安の今後を展望する上で大きなヒントが得られると思う。

（1）バブル期（1989年）〜2000年

1ドル＝240円から1ドル150円に

80年代後半のバブル景気は、海外の市場環境の激変がきっかけとなって生まれたものである。

そのきっかけとは、85年のプラザ合意であった。これは、米、英、仏、西独、日本の５か国（Ｇ５）の財務大臣により決定された、通貨政策に関する取り決めである。米ニューヨーク市のプラザホテルで会談が行われたことからプラザ合意と呼ばれているものだ。

その内容は、各国が協調して為替市場においてドル安への誘導政策をとるというものであった。

なぜアメリカが「ドル安」を望んだかといえば、当時の行きすぎたドル高がアメリカの産業全体に壊滅的な影響を及ぼしていたためだ。当時のアメリカは、ドル円レートで１ドル＝２４０円という、今では信じられないほどのドル高水準にあった。

プラザ合意というのは、何のことはない、アメリカが他国に為替レートの「ドル安化」を半ば強制的に認めさせるための取り決めだったのである。

アメリカの要請に対応するため、各国政府は、為替介入と金融政策を大々的に実施（為替介入については１３７ページ以降で詳述）。その結果、およそ1年間で1ドル＝２４０円から１ドル＝１５０円へと、約40％ものドル安・円高になったのである。

なぜ日本でバブルが起きたのか？

当時日本では、金融取引の自由化が進み、大企業が資金を調達する手段として、国内外での社債発行やコマーシャルペーパーなどのルートが存在するようになっていた。そして、その結果、大手企業の銀行離れが加速していった。

しかし、この金融取引の自由化が、一部の規制が残ったままの中途半端な状態で進んだことが、銀行による土地担保への融資に拍車をかけた。これには、銀行が企業への銀行貸出を減らしたぶん、不動産投資への融資を拡大させたという側面もあった。

こうして銀行融資の拡大を通じて過度な信用創造が引き起こされた結果、空前の不動産ブームが巻き起こった。企業の財テクブームも加速し、企業の資金が不動産や株式市場に流れ込む、というメカニズムが株価と地価を引き上げていったのである。

一方、日本政府と日銀は、プラザ合意によりアメリカ国内の産業に有利になるよう、急激な円高を政治的に受け入れただけでなく、「前川レポート」での提言を採り入れ、「経常収支黒字の是正を内需拡大で目指す」という「妥当でない政策目標」を掲げてしまっていた。前川レポートとは、86年4月に「国際協調のための経済構造調整研究会」（座長：前川春雄元日銀総裁）によってまとめられた報告書である。

つまり、日本政府と日銀は、日本の経常収支の黒字額を減らすために、アメリカからの輸入量を増やそうと、無理やり日本の内需を拡大させるべく、極めて景気刺激的な金融・財政拡大政策を行ったわけだ（その一環として当時の日銀は、執拗なまでに金融緩和政策を進めた）。この誤った政策目標のために行われたポリシーミックス――この場合、金融政策と財政政策――の行きすぎによって、折からの株式・不動産ブームがさらに煽《あお》られたのである。

これが日本にバブルを引き起こし、それを一層拡大させたのである。

（ちなみに、経常収支や貿易収支における黒字の是正を内需拡大で目指すことが、なぜ「妥当でない政策目標」であるかと言えば、19ページで説明した通り、もともと経常収支や貿易収支が黒字だろうと赤字だろうと、そのことと国民の豊かさとは関係がないからである。）

こういった資産市場のブームの後押しもあり、この時期の日本の経済成長率は高い伸びとなった。プラザ合意後の円高を乗り越え、85～89年の5年間で平均5％の高成長を実現したのである（次ページの図6参照）。この時期は原油価格が下落したため、原油関連のコストが低下したことも、円高による日本経済への悪影響を和らげていた。

このように日本経済の活況が続く中、為替市場は、経済停滞を抜け出すべく強引にドル安誘導を図るアメリカ当局の圧力を背景に、88年まで円高ドル安が続いていた。

図6　実質GDP vs. 株価 vs. 地価（日本）

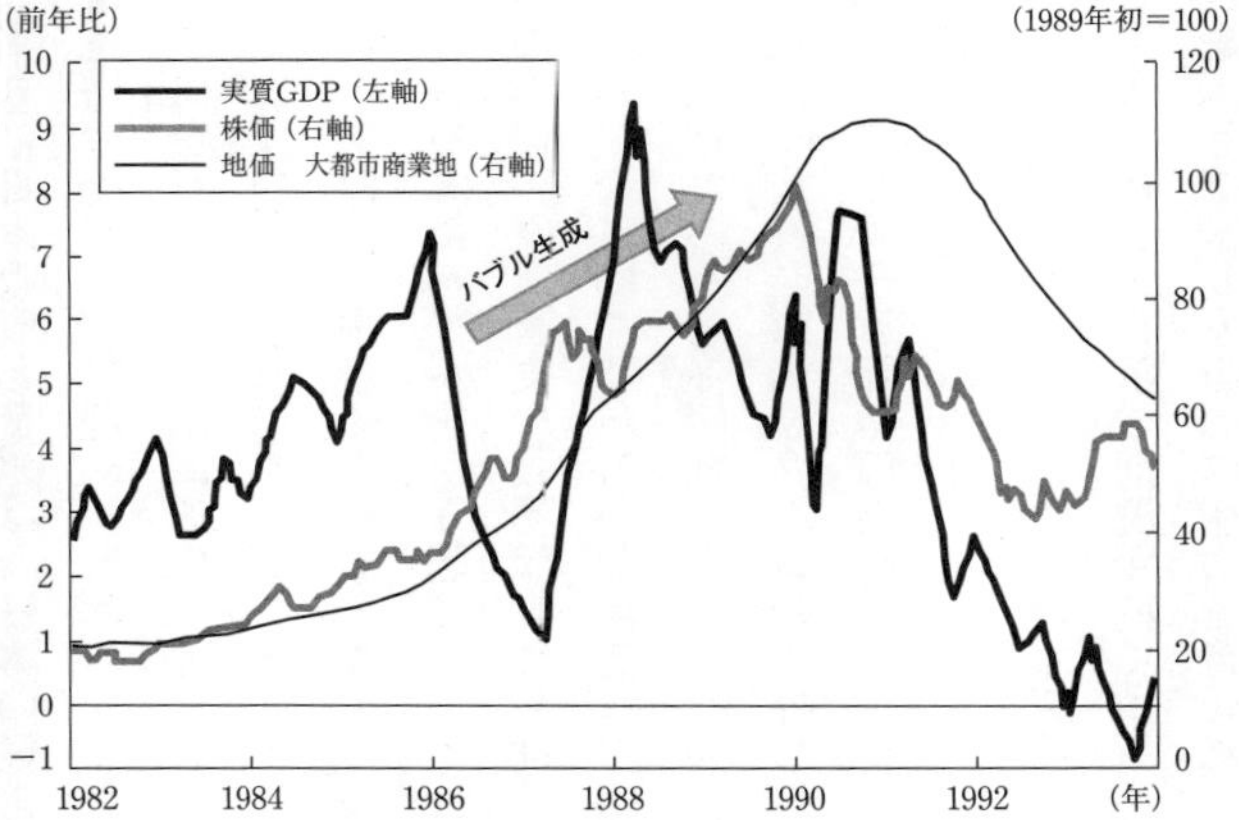

（出所）内閣府等資料より筆者作成

当時は、「ジャパン・アズ・ナンバーワン」といわれるほど、日本経済に対する海外からの期待が高まっていた。というのも、70年代に起きた2度のオイルショックで欧米の経済が低迷する中、日本経済だけは違っていたからだ。技術革新などで天然資源利用の効率化を進めたため原油価格上昇の影響を免れ、インフレの行きすぎを抑制したことが功を奏し、高い成長を続けていた。当時日本は、世界で最も成功した国と目《もく》されていた。

こうした期待もあって、海外の投資家による日本株買いもこの時期加速した。日本の株を海外の投資家が買い入れるためには、手持ちのドルを為替市場経由で円に替える必要がある。ドルを売って円を買うという「円買

図７　ドル円相場の推移（1986～1991年）

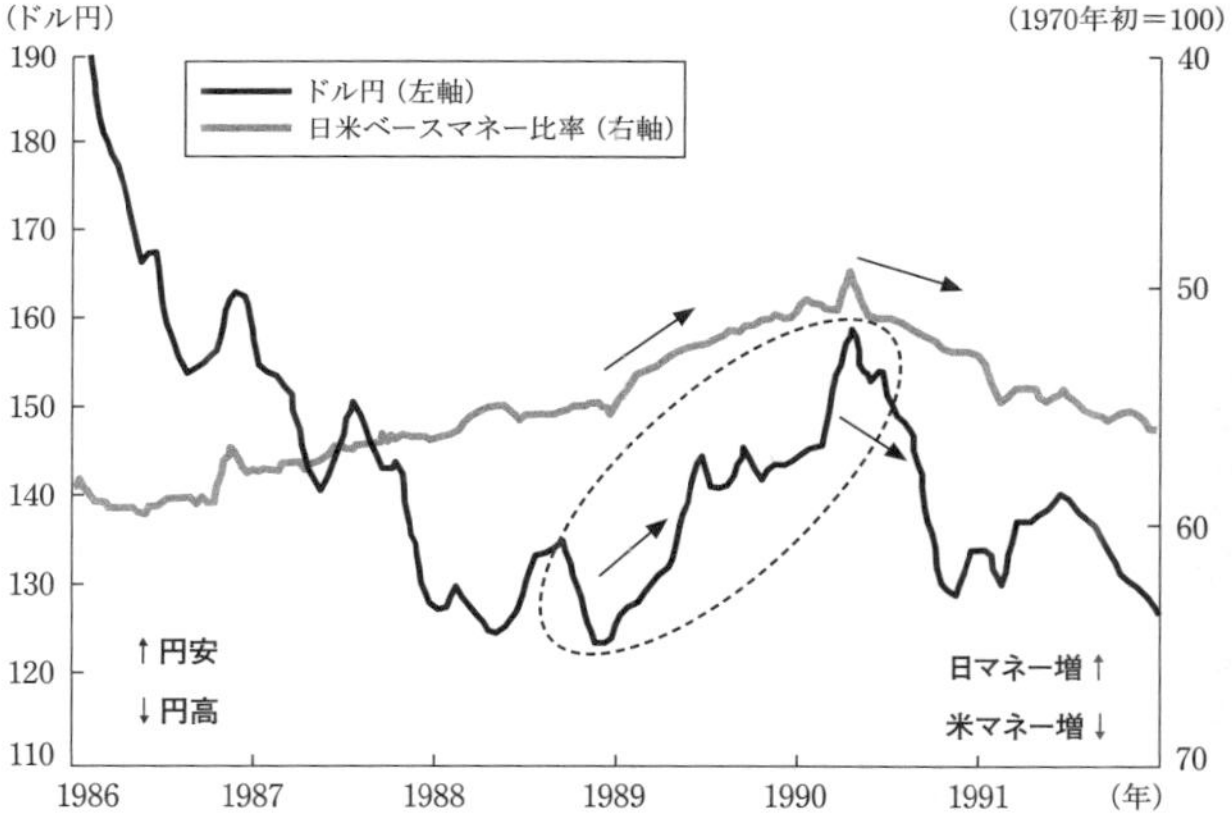

（出所）日本銀行、FRBより筆者作成

い・ドル売り」は、円高を引き起こす動きである。かくして当時は、為替市場においても、円高方向に傾きやすいという事情もあった。

89年からの円安局面はなぜ訪れたか？

こうした中、アメリカでは88年半ばから消費者物価の上昇などが続き、ＦＲＢはインフレ懸念を抑えるために金融引き締め政策をとった。それによって図7の通り、日米ベースマネー比率（グラフは逆目盛り）の低下するピッチが速まり、そのことが、プラザ合意以降の円高に歯止めをかけ、89年以降、ドル円相場が円安方向に転換するきっかけとなった。

図7を見ると、85年のプラザ合意以降、88年まで日米ベースマネー比率は低下しており、

これは本来円安要因となるはずだった。しかし実際の為替市場では円高が続いた。

その理由は、輸出産業を保護したいアメリカからの政治的な要請があったため、ドル円相場が、本来の動きとは違ったかたちで強制的に円高方向に決定づけられたからと解釈できる（この時の為替相場の動きは、「円高シンドローム」とも呼べる状況だが、それについては78ページ以降で詳述する）。

円安を加速させたもの

89年以降の円安転換と時を同じくして、日本がバブル絶頂期に入ると、日本の金融機関は外貨建て資産への投資を積極的に拡大させていった。折からの資産ブームで財務状況に余裕があったことから、日米金利差が拡大したことによるリターンを狙っての動きだった。

日米金利差とはアメリカ国債の利回りと日本国債の利回りの格差であり、これが拡大するとアメリカ国債への投資において相対的な利回りが高くなる。当時は、アメリカ国債の利回りが、日本国債の利回りよりも高かったので、日本からアメリカに投資を行うと、クーポン（利子）収入などのかたちで得られるリターンが大きくなっていたのである。

これは、為替市場において日本側からの「円売り・ドル買い」の動きを加速させることになるので、円安・ドル高を推進させる効果を持っていた。

またこの時期は、金融機関だけでなく日本企業も、海外リゾートへの投資や海外企業の買収（ソニーによるコロンビア映画買収）など、投資活動を活発に行っていた。当時、日本企業は財テクによって大きな利益を生み出していたため、財務的な余裕があったのである。

為替市場における需給バランスでいえば、それまでの海外投資家による日本株買い（＝証券投資）を上回る格好で、日本からの外国への投資（＝資本輸出）が大きく増えた。この動きも、海外に投資をするためのドル需要を増やし、また、ドル買い・円売り取引を加速させるかたちで、為替市場における円安の進展を後押ししたわけだ。

金融引き締めに踏み出さなかった日銀の事情

かくして当時の日本経済は、5％の高い経済成長、資産市場のブーム、そして円安――それらのすべてが合わさるかたちで、空前の好景気となっていった。

しかし一方で、土地・株式市場のブームが、徐々に深刻な社会問題となってきた。都心を中心に地価が高騰し、多くのサラリーマンにとって住宅購入が難しくなったのである。

それでも日銀は、プラザ合意以降の金融緩和政策を続けることによって、ベースマネーを

図8　ドイツ長期金利 vs. 米国株

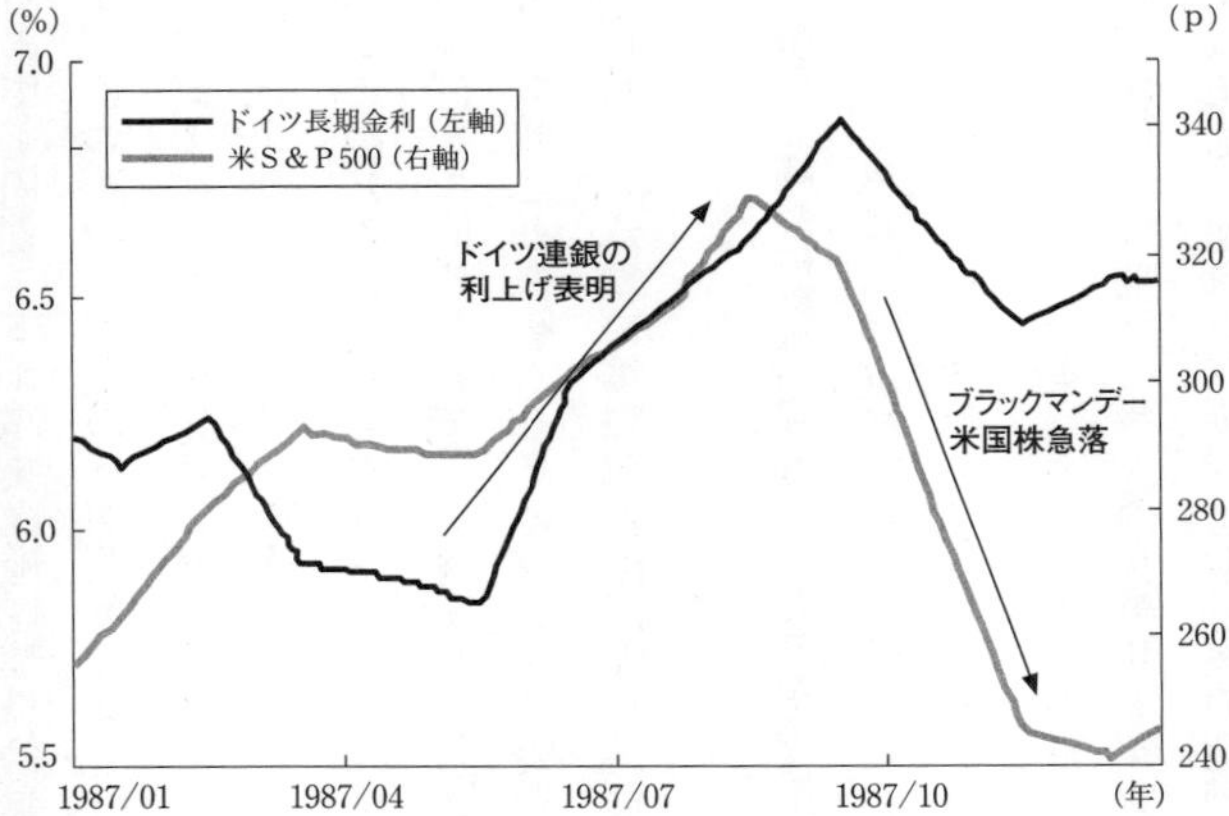

（出所）ドイツ連銀行等より筆者作成

拡大させ続けた。本来ならば、軽いブレーキ程度の金融引き締めを早めに行うべきであったのだが、日銀はそれをやろうとしなかったのである。

その理由については、次の要因が挙げられる。

87年10月に起きたニューヨーク株式市場の大暴落、いわゆる「ブラックマンデー」である。これが起きた背景には、当時アメリカの懸念を押し切る格好で、西ドイツの中央銀行であるブンデスバンクが金融引き締めに転じたことにより、金融市場において不安心理が高まったことがある（図8参照）。

当時金融引き締めの機会を模索していた日本銀行は、この国際市場の混乱によって、決断のタイミングを完全に逸《いっ》してしまった。翌88年にも日銀は何度も金融引き締めに転じる機会をうかがったようだが、この年も結局見送られることとなった。

また、真相は定かではないが、この年の後半に昭和天皇のご容態が悪化したことが（89年1月崩御《ほうぎょ》）、日銀の判断に影響したと、当時マーケットではまことしやかに語られたという。

「平成の鬼平」の登場、そしてバブルの崩壊

いずれにせよ、日銀は翌89年半ばになってようやく金融引き締めに転じた。

そして、89年12月に日銀プロパーの三重野康氏が日銀総裁に就任すると、日銀はこれまでの遅れを取り戻すべく、金融引き締め政策（＝コールレートの引き上げ政策）を一段と強めた（コールレートについては97ページ参照）。後に世論は、三重野氏を「平成の鬼平」と評するようになる。

89年12月29日に日経平均株価は3万8915円87銭の最高値をつけていたが、日銀による金融引き締め、そして銀行による不動産担保融資への規制強化が重なった結果、翌90年初頭から株式市場は暴落といっても過言ではない状況に陥った（次ページの図9参照：グラフのコールレートは逆目盛になっている）。

図9　株価と金融政策～バブル崩壊と下げ止まり～

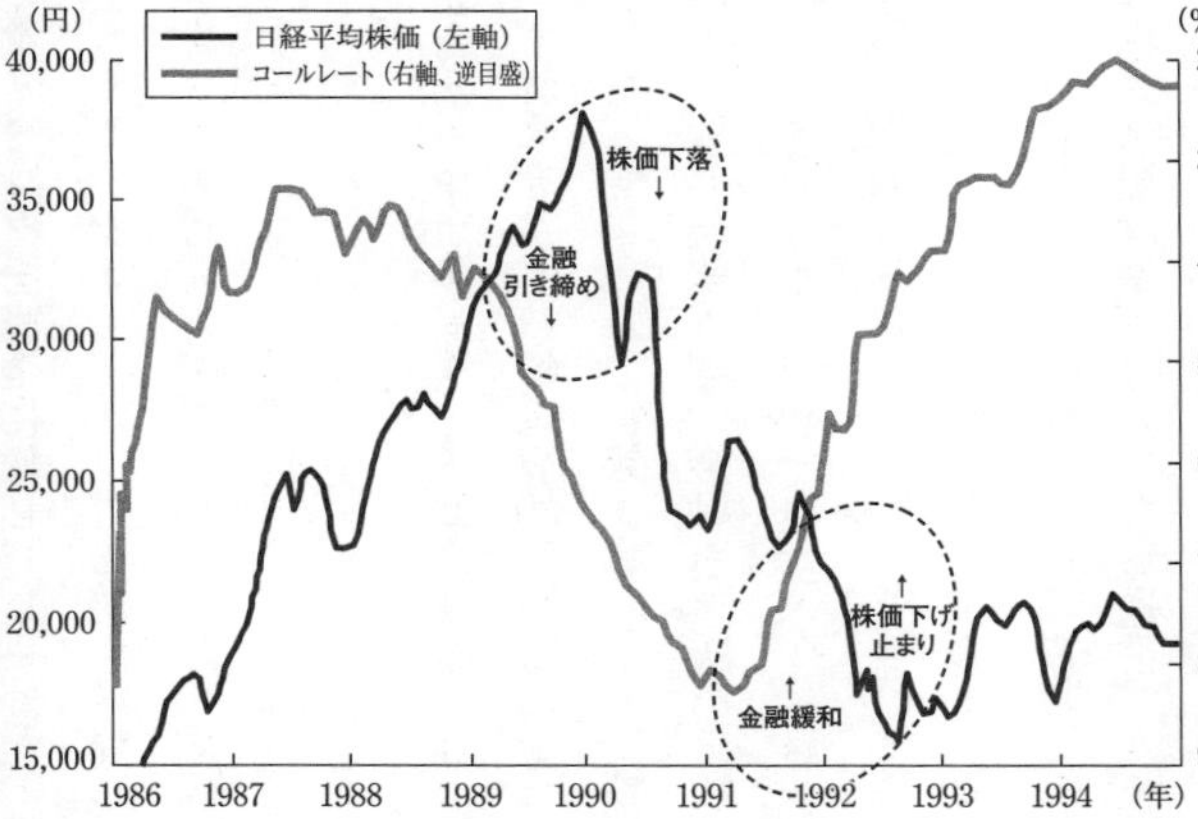

（出所）日本銀行、FRBより筆者作成

さらに日銀は、その後約半年もの間、強烈な金融引き締めを続けた。それは過熱していた資産市場への冷や水になったどころか、まさにバブルの息の根を止める「劇薬」になったのである。

これが、それ以降20年以上にわたって日本経済に大きな停滞をもたらす引き金となった、歴史上稀《まれ》に見るバブルの崩壊劇の真相であった。

このことを為替相場の視点から見ると、日銀が必要以上に急ブレーキ（＝金融引き締め政策）を踏み続けてしまったことから、90年以降、日米ベースマネー比率は上昇に転じることになった。その結果、円安局面は終わりを迎え、円高がふたたび始まることになったのだ（69ページの図7参照）。

バブル崩壊の後、日本の株式市場がいったん下げ止まるのは、日銀がようやく金融緩和に転じた91年半ばから約1年後の、92年夏のことだった（図9参照）。

しかしこの時も日銀のタイミングが遅かったため、日米ベースマネーの比率の上昇が続き、ドル円相場において円高の動きが長らく止まらなかった。さらにバブル崩壊で、それまで活発だった日本の対外投資が激減したことにより、ドル資産への需要が減少、これが為替市場におけるドル売り・円買いの動きを生み出し、円高をさらに後押しした。

かくして日本では、経済の長期低迷とともに、行きすぎた円高との二重苦に喘《あえ》ぎ続ける時代が幕を開けたのである。

94年2月から95年4月まで円高が続いた理由

90年代初頭に円高が続いた理由については、前項で述べたことの他にもある。

同じ頃アメリカの金融機関は、80年代に不動産価格が下落したことなどの影響から不良債権問題に苦しんでいた。そのためＦＲＢは政策金利を大きく引き下げる金融緩和を行った。

このとき前述のように日銀も、株式や不動産価格暴落による経済活動の深刻な落ち込みを和

図10　ドル円相場の推移（1990〜1999年）

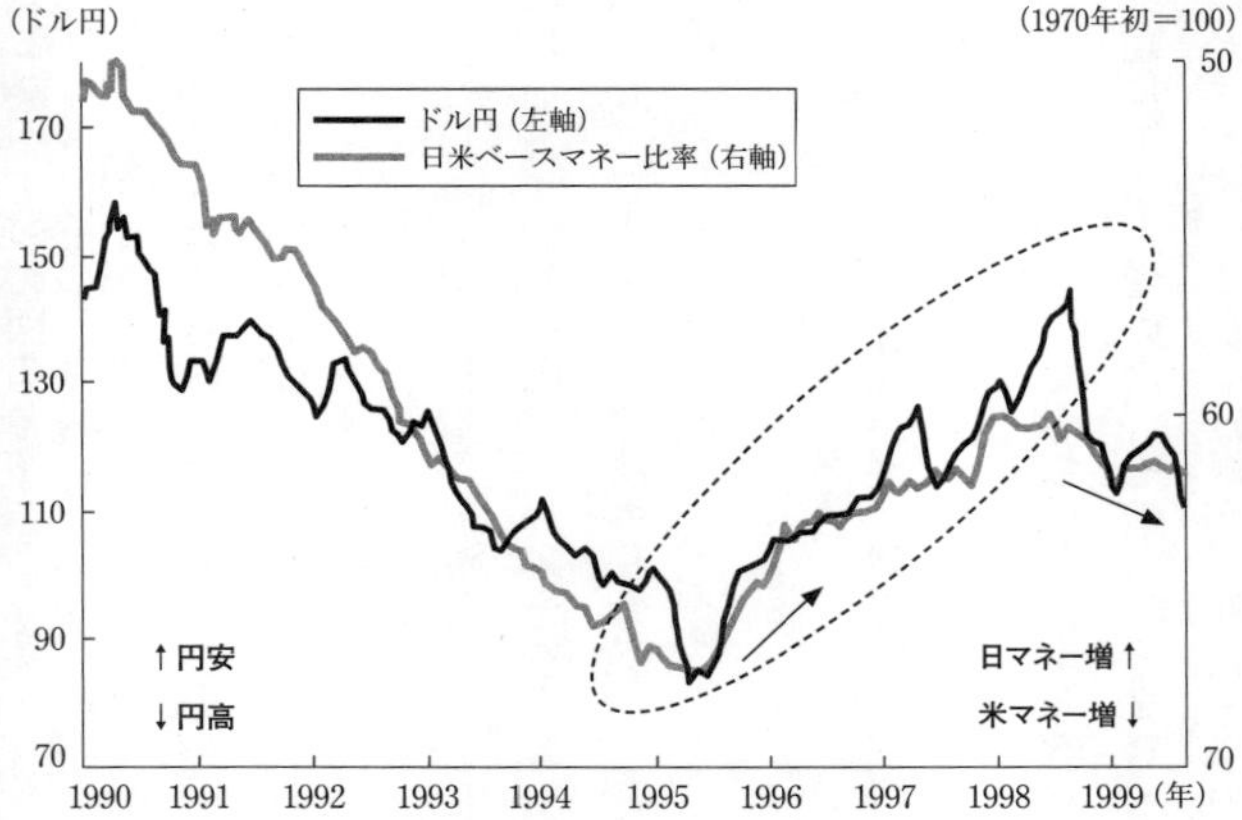

（出所）日本銀行、FRBより筆者作成

らげるべく、政策金利を大きく下げる金融緩和策に打って出た。

しかし図10の通り、ＦＲＢの金融緩和の方が、日銀の金融緩和よりも力強く行われていたため、日米ベースマネー比率（グラフは逆目盛り）は上昇し続け、ドル安・円高圧力がかかり続けることになったのだ。

日米金利差の変動が為替に効かなかった理由

94年に入ってアメリカ経済がようやく復調に転じたことから、ＦＲＢも2月に金融緩和を解除し、引き締め策をとるようになる。その結果、アメリカの金利が上昇したのに対し、日本の金利は横ばい状態が続き、日米金利差が拡大するという状況が始まったのだ。

図11　ドル円相場と日米長期金利差（1990〜1997年）

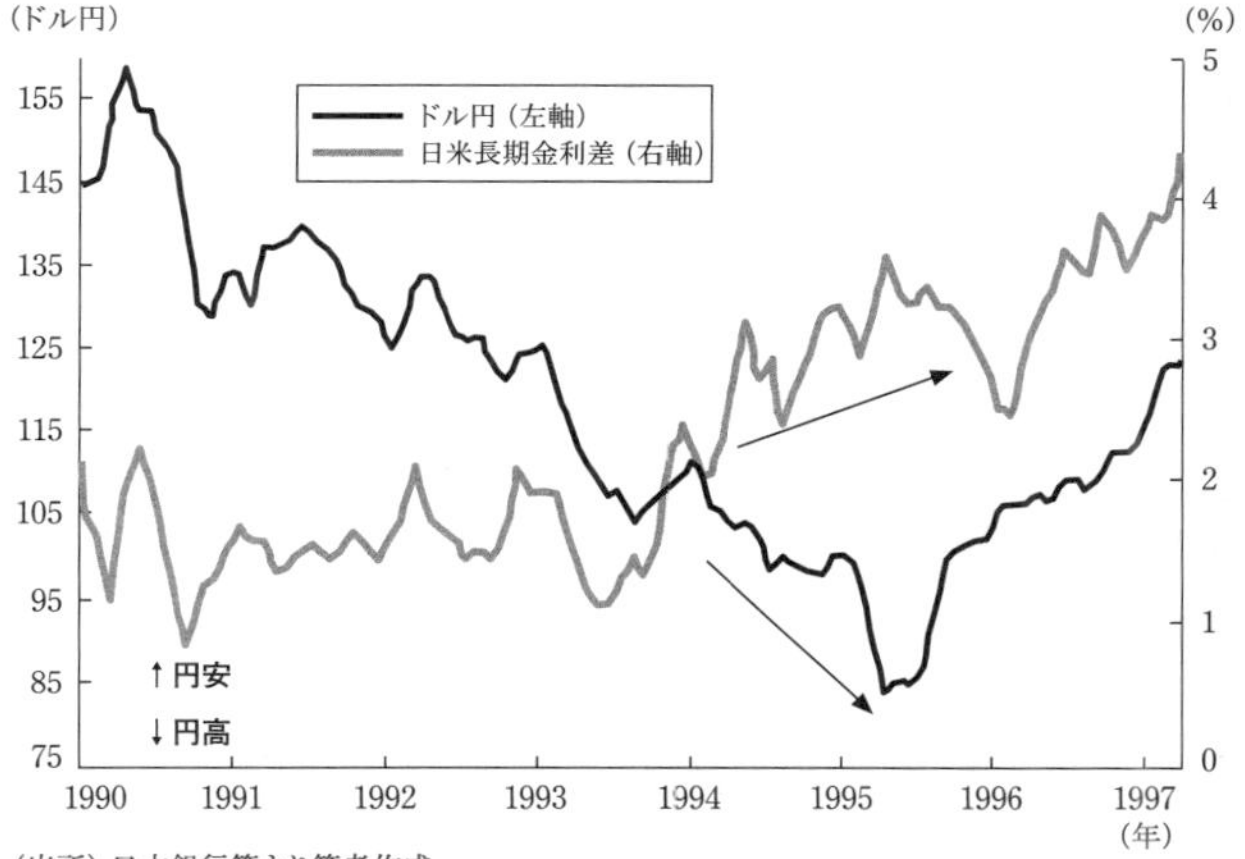

（出所）日本銀行等より筆者作成

本来、日米金利差が拡大することは、70〜71ページで説明した通り、円安圧力になるはずだった。

しかしこの時、円高が止むことはなかったのだ。

つまり、94年半ばからの約1年間は、FRBが利上げ（＝金融引き締め）を続け、日米金利差が拡大していたにもかかわらず、為替市場で円高が一段と進んだのである。そして、それは95年4月まで続いたのだった（図11参照）。

その理由は2つある。

ひとつは、日米ベースマネー比率の上昇が止まりつつあったものの、なかなか低下に転じなかったことだ（図10参照）。それは前述の通り、FRBはすでにベースマネーを絞っていたが、一方の日銀は、デフレに対する警戒感が極めて小さく、金融緩和強化を徹底していなかったからだ。当時デフレが起こるなんてことは、教科書で書かれているにすぎない空想上の出来事だと認識されていたのである。

円高シンドローム

もうひとつの理由は、プラザ合意の時と同様に、円高を強く求めるアメリカ政府の政治姿勢にこそあった。そして、こちらの方が、この頃のドル円相場に強烈な影響を与えていたのである。

当時のクリントン政権は、日本の対米貿易黒字の大きさをヤリ玉にあげ、自動車などの輸出産業に対する制裁発動といった、市場メカニズムや経済合理性を度外視する対日政策を打ち出していた。

この時のドル円相場の特徴を、日米間の政治摩擦の観点から説明したのが、スタンフォード大学のロナルド・マッキノン氏と政策研究大学教授の大野健一氏による「円高シンドローム仮説」である。

本来ドル円相場に影響するのは、アメリカと日本の金融政策のスタンスの違い（＝日米ベースマネー比率）である。しかし、特に86年9月から95年4月あたりまでのアメリカと日本の間には、半ば固定相場制度のような状況を生み出す「アメリカ側からの圧力による政治的で強固な円高圧力」が存在していた。

アメリカでは、円安（＝ドル高）が起きて自動車などの輸出産業が日本の企業に市場のシエアを奪われるようになると、それらの企業が政府に対し、「ドル安・円高政策」を求めてロビー活動を強めるということがあった。そのため、当時のアメリカ政府はそれに応じるかたちで、ドル安政策を採用するということを繰り返してきたのだ。

実際に、この時期までの為替市場をより強力に動かした材料は、日米の金融政策ではなく、日本やアメリカの貿易収支の動向だったのだ。

日本の貿易黒字が増えると、アメリカから日本に対して黒字是正というかたちで（ドル安・円高方向への）政治圧力が強まるのではないか——。

そういう思惑を市場参加者が抱くことで、円高が自己実現的に形成されてきた。これが「円高シンドローム」である。

図12　長期円高トレンドと米国の政治動向

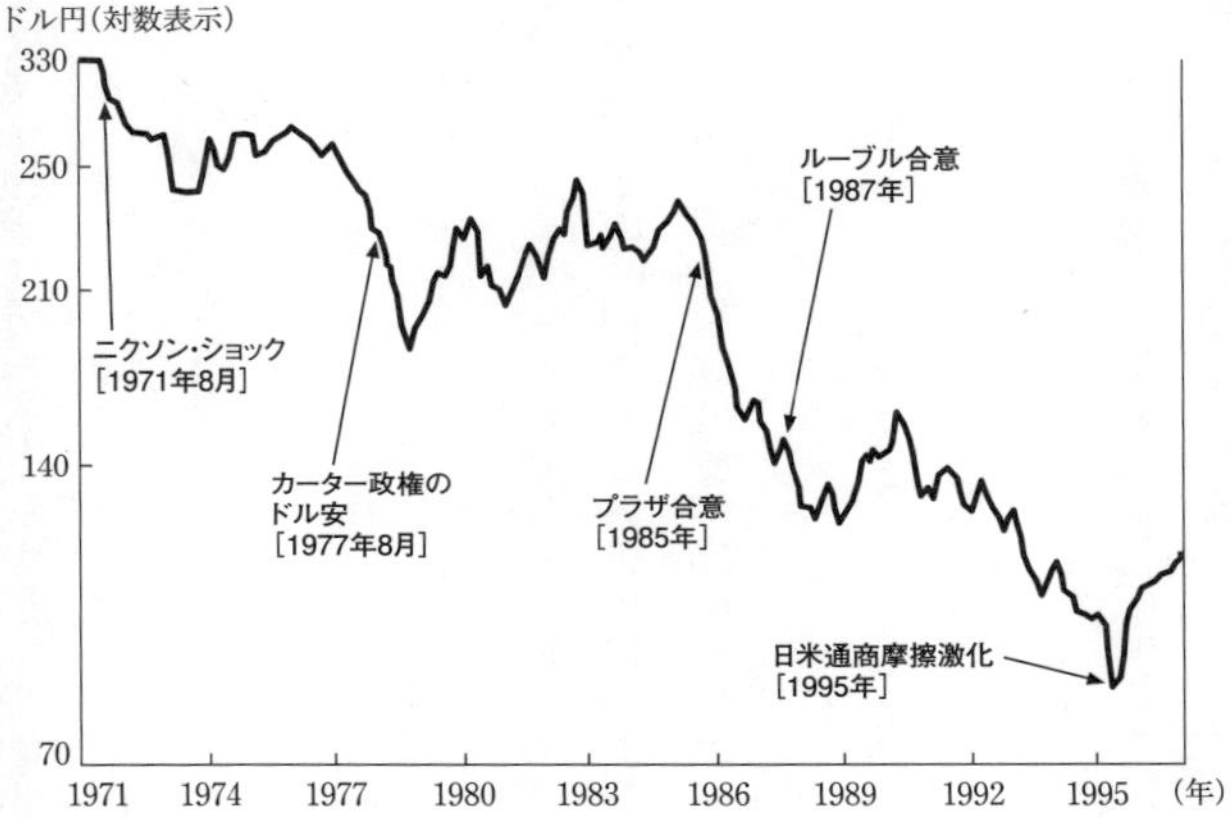

（出所）日本銀行より筆者作成

（円高シンドロームを生み出した）アメリカのドル安政策とは、71年8月のニクソンショックに始まり、71年12月のスミソニアン協定、77年のカーター政権のブルーメンソール財務長官によるドル安誘導政策、85年のプラザ合意、87年のルーブル合意、そして95年のクリントン政権下の自動車産業を巡る通商摩擦などに代表されるものだ。図12を見れば、そういったアメリカのドル安政策が、実際にどれだけ円高を加速させ続けてきたかがわかる。

そうした「歴史」の積み重ねが、市場参加者の「期待（予想）形成」に決定的な影響を与えた結果、ドル円相場が本来影響を受けるはずの日米ベースマネー比率の変動にはあまり反応することなく、一方的な円高傾向に振れたというのが「円高シンドローム仮説」の概要である。

この仮説は、90年代半ばまでのドル円相場を説明する上で、有力な説になりえることが、図12から見てとれる。

経済安定化策を放棄した日銀

この仮説が正しいとすれば、それはどのような意味を持つのか？

それは、当時の日本政府や日銀が、経済安定化政策を自ら放棄していたということである。アメリカ側の政治事情でドル円相場が決まるのなら、日本政府や日銀の政策は、アメリカの思惑に振り回されることになってしまう。

実際にそんなことがあるのだろうか？

それを考えるにあたって、必要となるのが「国際金融のトリレンマ（三角関係）」という考え方である。これは、為替の変動を市場に任せる変動相場制下においては、「景気の安定」「為替レートの安定」「国際資本移動の自由」の３つを同時に満たすことはできないという原則である（次ページの図13参照）。

「国際資本移動の自由」を規制するということは、たとえば金融機関や個人が外貨建て資産

図13　国際金融のトリレンマ（三角関係）

※下記3つの目標は、同時にはどれか2つだけしか達成できない。
＝どれか1つの目標は放棄せざるをえない。

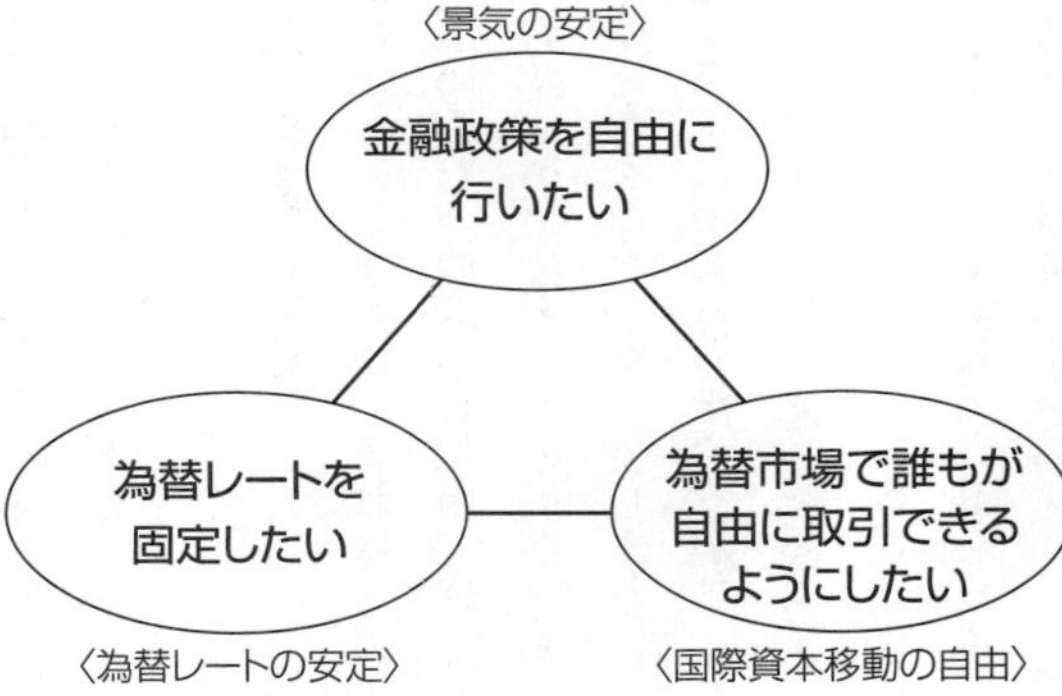

や土地への投資を自由にできなくなることを意味している。これは競争力の源泉である企業の動向を縛ることになりかねないので、どの国もこれを放棄することはできない。

そう考えると、日本政府と日銀は、あとに残された「景気の安定」をとるか、「為替レートの安定」をとるかの二者択一状態に陥る。

当時の日本は、アメリカ側からの「為替レートをドル安（＝円高）方向に誘導しろ！」という圧力がかかっているような状態だった。これでは日銀は、金融政策を円高状態に安定させる方向にとらざるをえない。しかし、これは同時に「日本国内の景気の安定」を選択肢から外したということにほかならない。

85年から95年までの10年間に、日本経済にはバブルとその崩壊に代表される大変動が起こった。バブル崩壊の原因は、過熱する資産市場への対応の遅れを取り戻すべく、日銀が金融引き締めの急ブレーキを踏んだことにある。そして、その後も日銀が金融引き締めを必要以上に続けて日本経済をメタメタに叩き壊したわけだが、これらは、円高シンドロームがもたらした面もあったのである。

日銀は、バブルが崩壊して景気が急激に冷め始めた時も、景気の安定をもたらすための金融緩和政策を放棄し、それどころか「円高を継続させるための」金融引き締め政策を長らく続けた。これが、バブル崩壊後に大きな痛手を受けた日本経済全体を、不幸のどん底へと陥れた最大の原因だった。

日銀はバブルが崩壊して以降、いくら外圧の影響があったとはいえ、日本経済のための仕事をほとんどしていなかったといえる。いや、もっとキツイ言い方をすれば、日本の景気を悪化させる方向へ、方向へと舵《かじ》をとっていたのである。

ルービン財務長官の就任とともに、円高シンドロームが終了

日本は95年にも自動車輸出の自主規制に関してアメリカ側の要求を受け入れるなど、政治的妥協の道を歩み続けていた。

しかし、90年代後半になって、アメリカの対日政策・通貨政策（と、それに伴う円高シンドローム）は、ようやく落ち着く方向へと変わったと見られる。そのきっかけは、クリントン政権下の95年1月に、元ゴールドマン・サックス証券会長のロバート・ルービンが財務長官に就任したことにあった。

ルービン財務長官の就任と同時に、FRBがそれまで実質金利をゼロまで下げる金融緩和策を行った効果が表れ、アメリカ経済は復調の兆しを見せ始めた。それ以降、アメリカは日本に対して理不尽なまでの円高を要求しなくなったのだ。

そして、アメリカが90年代前半に苦しんだ不良債権問題を克服し、安定成長の状態に戻ると、円高がようやく終了。95年半ばから円安トレンドが始まったのである（80ページの図12参照）。日米ベースマネーの比率が低下するのとほぼ同時に、（理論通りに）ドル円相場がまた動き始めたということだ。

95年4月から97年3月まで、日本経済一時的に回復す

アメリカ経済の安定に歩調を合わせるかのように、日本経済も97年4月1日の消費税率アップ（3％→5％）を目前にした駆け込み消費などが後押しし、96年度には3％を超える高

図14　日本企業による海外への直接投資

（出所）日本銀行等より筆者作成

成長を実現した。これには、95年半ば以降の円安進行を背景にした輸出増加や、それによる製造業の利益回復で、国内設備投資が盛り上がったことも大きく寄与していた。

為替市場でも日本経済の回復とともに円安が進み、それが景気回復を後押しするという好循環が働いた。規模は違うが、89年のバブル絶頂期と同様のメカニズムが作動したかたちである。

こうした高い経済成長が続く中で、生命保険会社など金融機関の財務余力が高まり、バブル絶頂期ほどではないが、ふたたび外貨建て資産への投資が拡大した。これが、為替市場での「ドル買い・円売り取引」を加速させることで、円安をより推進することになる。

それに加えて、95年途中までの円高を受けて当時ふたたび活発になっていたのが、製造業などによる生き残りをかけた海外工場の設立や、海外企業の買収などといった直接投資である。とくに95年以降は、中国などの東アジア地域に対する直接投資が増大した（前ページ図14参照。グラフでは数字が下に行けば行くほど、日本からの対外直接投資が増えていることを示している）。こうした資本フロー（＝資本輸出の拡大）が景気回復によって後押しされ、それのもたらす円安が、企業の利益を増やしてさらに景気回復を後押しする、という好循環が実現していたのである。

かくして日本は、久しぶりに本格的な円安の時代を迎えたのだ（76ページの図10参照）。

デフレとともに増える自殺者

96年頃、通貨統合を目指す欧州では、財政再建が最も重要な政策テーマとなっていた。財政規律が保てない国は、欧州通貨制度（ユーロ）に加入することは許されなかったからだ。

こうした「財政再建至上主義」が国際的な風潮になる中で、日本の橋本龍太郎政権も97年に財政健全化の手段のひとつとして消費増税に踏み出すことになる。さらに、公共投資の削減、医療費自己負担増大という、大規模な緊縮財政政策に打って出ることにした。

図15　失業率 vs. 自殺者 vs. インフレ率

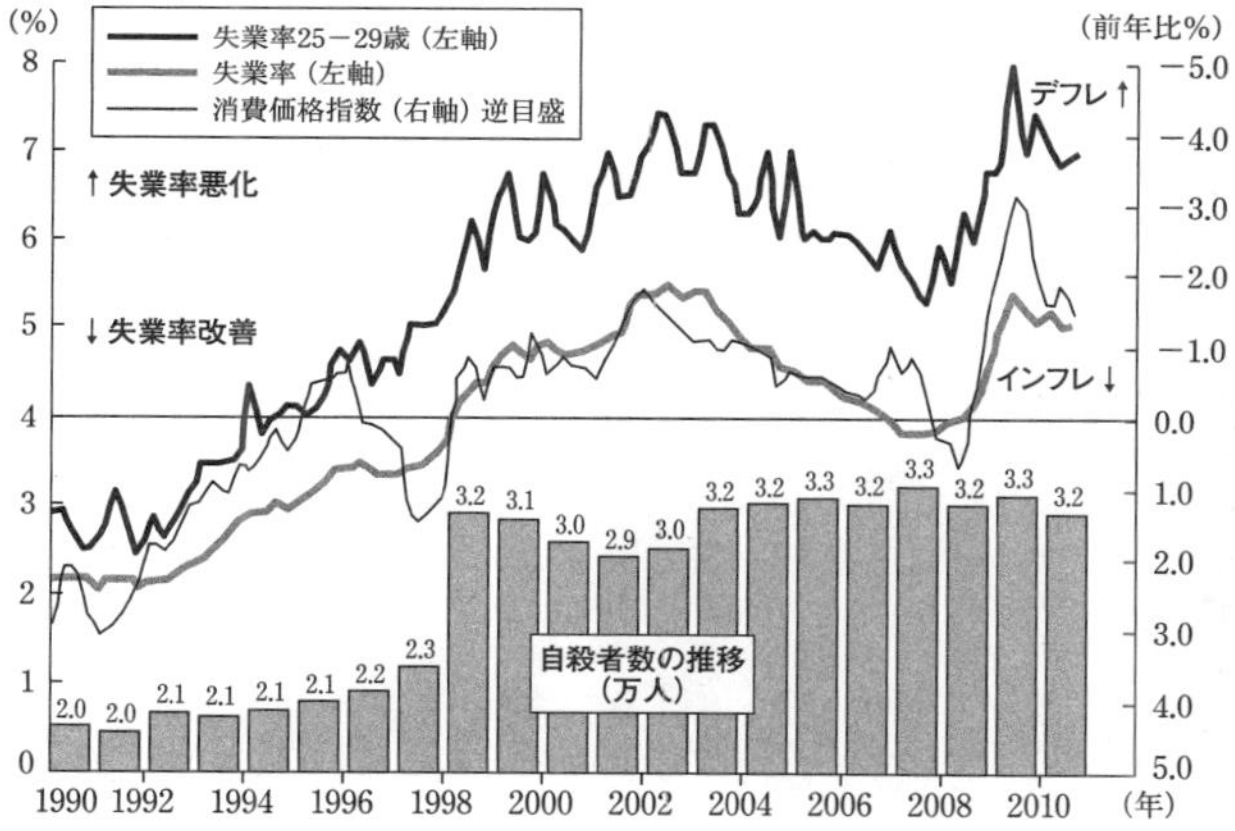

（出所）内閣府等より筆者作成

しかし当時の日本経済は、バブル崩壊後の痛手を克服したとの期待が浮上してきたものの、まだ完全には立ち直っていなかった。地価と株価が下落する資産デフレが続いていて、金融機関の資産劣化をもたらし続けているという極めて脆弱《ぜいじゃく》な状況にあったのだ。そこに追い打ちをかけるかたちで行われたのが、橋本政権による緊縮財政策である。しかも不幸なことに、アジアで起きた通貨危機も日本にとってマイナス要因になった。

その結果、資産価格の下落に拍車がかかり、不良債権を抱えた大手銀行の資産はますます悪化したのである。

その後の日本に降りかかってきた不幸とはどんなものだったか？　それがわかるのが図

15である。
このグラフには、物価（＝消費者価格指数。逆目盛になっている）の推移、若年層（25〜29歳）失業率の推移、日本全体の失業率の推移、そして自殺者数の推移の4つが描かれている。これを見ると、98年4月に物価が持続的に下落するデフレが加速し、ほぼ同じ時期に若年層を中心に失業率悪化のスピードが早まったことがわかる。また自殺者数は、97年までは約2万3000人だったのが、翌年には約3万2000人へと1年で1万人近くも増えるという事態に陥り、それ以降、毎年自殺者数が過去最高を更新し続けるという最悪の状況に突入していったこともわかる（自殺者数の増加とデフレの発生を単純に結びつけることはできないが、そこには少なからず因果関係があると見るのが自然だろう）。
つまり、98年4月以降日本は、物価が継続的に下落するデフレと、失業率や自殺者数の増加が連鎖するかたちの、凄惨な「デフレスパイラル」の状況に陥ったのである。

95年4月から98年10月までの円安局面はなぜ起きたか？

そんな中、為替市場においては、95年4月から98年10月にかけて、円安・ドル高の局面を迎えていた（91ページの図16参照）。

約3年半にわたるこの時期の円安進行は、次の2つの時期に分けられる。

（1）97年前半まで：日本経済の好調を背景とした時期
（2）97年後半以降：「日本売り」が主な要因となった時期

（1）は、日本経済が回復期に入っていた時期だ。手持ちの資金に比較的余裕ができた日本の金融機関による外国債券などへの証券投資や、日本の製造業による海外への工場建設など、海外への直接投資が拡大していたのである。

こうした動きは為替市場に次のような変化を生じさせた。

①日本の企業がアメリカに工場を設立したり、日本の金融機関が為替市場を通してアメリカ国債などアメリカの証券を買うための代金（＝ドル）を手に入れる際に、円を売り、ドルを買うかたちでの為替取引〈円売り・ドル買い〉が活発化した。

②この為替市場上での〈円売り・ドル買い〉という資金フローの需給に変化が起こり、「売られる通貨の価値は下がる」の原則通り、97年前半までは円安が進んだ。

では、（2）の時期の円安を後押ししていたのはどんなことか？

この時期は、橋本政権の失政にアジア通貨危機が重なったことで、強烈な不況が日本を覆うようになっていた。これに対しアメリカは、90年代初頭までの不況を克服し、（日本と異なる）妥当な政策対応で高い成長率を実現した。通貨統合を控えた欧州でも、それまでの混乱から一息ついていた。

これら国内外の要因が合わさって、「日本売り」に起因する円安が進行したというわけだ。この場合の「日本売り」とは、米英を中心とした海外の投資家が、「米欧の景気が回復する一方、日本経済は金融システムの混乱と不況から抜け出せない」と考え、（日本株の下落を予想し）日本株を大きく売りに出す動きのことである。「日本売り」が起これば、「円売り・ドル買い」の取引が増えるため、ドル円相場に円安・ドル高をもたらす。

ところで、ここで注意しておきたいのは、95年4月から98年10月にかけて、一貫して日米ベースマネー比率が低下し続けていたということである（次ページの図16参照。日米ベースマネー比率は逆目盛）。当時、アメリカ経済の景気回復を受け、FRBが金融引き締め政策を続けた一方で、日銀は景気停滞と金融システム不安への対応から金融緩和を続けたからで

図16　ドル円相場の推移（1995～1998年）

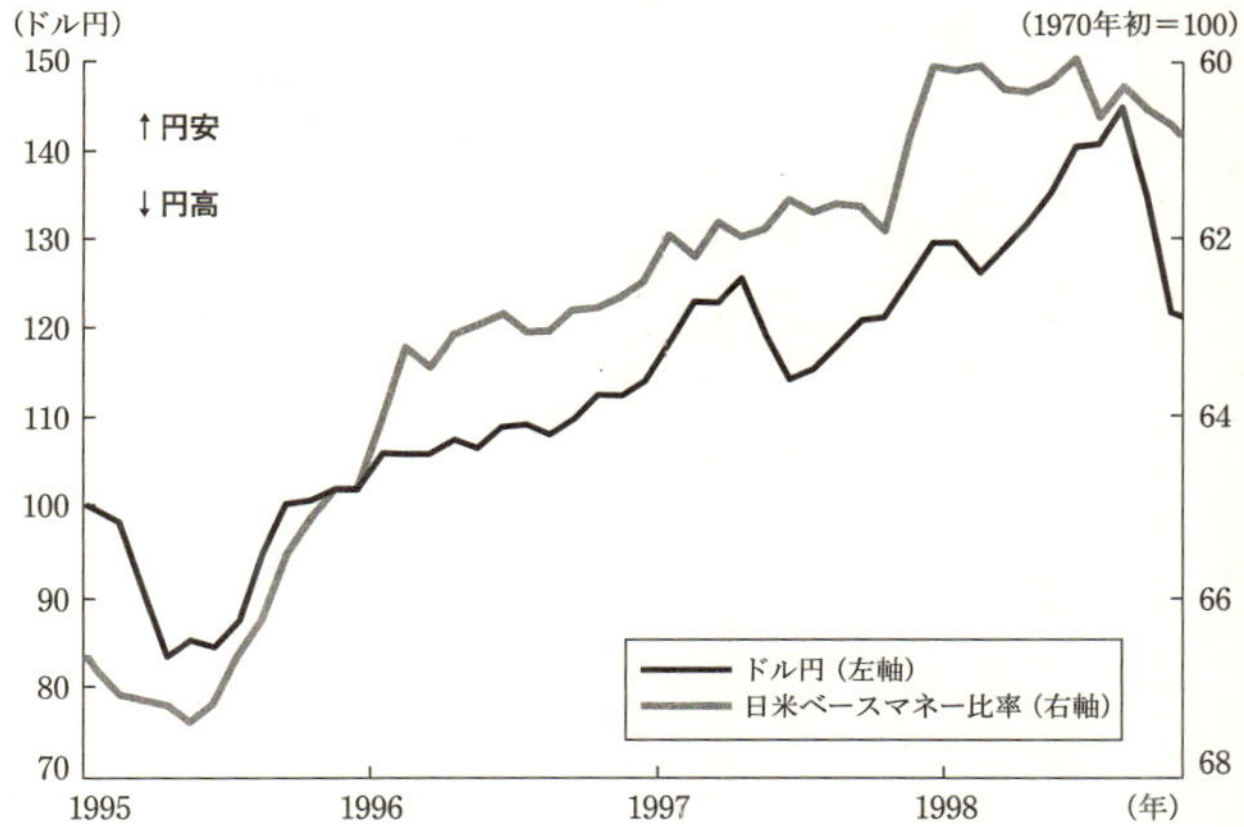

（出所）日本銀行、FRBより筆者作成

ある。

この、「２つの円安局面」が続いた結果、95年４月には１ドル＝79円だったのが、98年８月には１ドル＝１５０円近くと、実に倍近くもの円安が進んだのである。

98年後半からふたたび円高に

この大幅な円安は、当時の日本のデフレと不況を和らげる側面を持っていた。

にもかかわらず日本の政策当局は、98年に入ってアジア通貨危機に伴う経済混乱に直面し、円安に対する批判を強めていたアジア諸国への配慮から、円安に歯止めをかけるべく為替介入政策を実行したのである。

それを実際に行ったのは、榊原《さかきばら》英資《えいすけ》大蔵

財務官（当時）である。彼は、政府が外国為替特別会計において保有するアメリカ国債などを、積極的に市場に売りに出した。実際、この為替介入によって、98年後半には円安に歯止めがかかったのである。

その過程を挙げると次のようになる。

（1）日本政府が外国為替特別会計を通じて市場にアメリカ国債を売りに出すということは、ドル売り型の為替介入を行うことを意味する。これは、日本政府がアメリカ国債の対価として円を手に入れることでもある。

（2）その結果、為替市場においてドル売り・円買い型の為替取引が誘発される。

（3）「買われる通貨の価値は上がる」の原則通り、それまでの円安に歯止めがかかり、円高が起きる。

そして、この為替介入と同時に、日銀は、アメリカ国債の対価として得た円を、市場から吸収するという金融引き締め政策を実施した。このため、この時期の日米ベースマネー比率の低下に歯止めがかかってしまった。

この「ドル売り型の為替介入」と「日銀による金融引き締め政策」という2つの要因から、98年後半に、日本はふたたび円高転換（＝円安緩和）局面に舞い戻ってしまったのである（91ページの図16参照）。

ＬＴＣＭショック

橋本政権の大失政により、当時深刻になっていたデフレ圧力がさらに強まる中、日本経済にとって、追い打ちをかけるような事件が起きる。

その事件とは、98年10月の米大手ヘッジファンド「ＬＴＣＭ」（ロング・ターム・キャピタル・マネジメント）の破綻《はたん》である。

最新の金融工学を駆使して巨額の利益を上げ、金融市場に大きな影響を及ぼしていたＬＴＣＭが破綻したことで、リスクを嫌った投資家が投資を手控えるようになった。その結果、為替市場における流動性（＝市場における取引量）が小さくなり、それまでに構築されていた「円売りポジション（＝円安要因）の解消」が一気に起こったのである（＝円高要因）。

こうして、円は一夜にして高騰したのだ。

その様子を表したのが次ページの図17である。98年10月7日の時点で1ドル＝１３０円付

図17　ドル円相場の推移

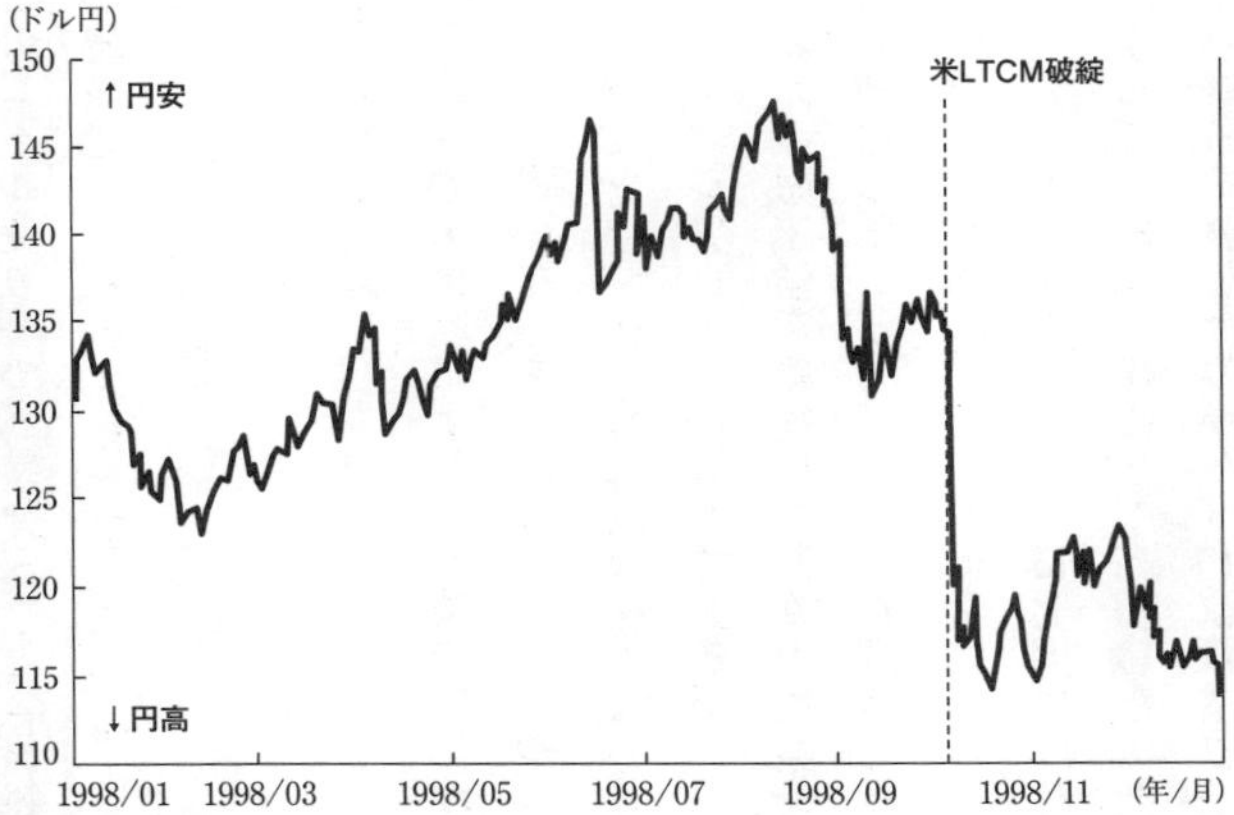

(出所) 日経新聞より筆者作成

近だったのが、翌日には1ドル＝120円になるという事態に陥ったことがわかる。

当時、金融機関で金融市場の調査分析をする業務を担当していた筆者は、職場におかれたブルームバーグ社のスクリーンで、この歴史的な為替変動劇を見ていた。ほんのわずかな時間に3～4円もの円高が起こるという事態に、ただただ呆然《ぼうぜん》とするばかりだったことを、今でも鮮明に覚えている。

こうした中で、日本の株価は下落傾向にあった。日経平均は、98年7月に1万3000円前後だったのが、同年12月には8500円前後にまで下落したのである。これは日本長期信用銀行（長銀）の経営不安が表面化するなど、前年から高まっていた日本の金融危機に対する懸念がまったく払拭《ふっしょく》されていなかったからだ（実際、98年10月に長銀は債務超過が宣告された）。

99年初頭になると、日本は歴史的な円高と株安に直面。デフレスパイラルも深刻化するというぐあいに、二重苦、三重苦の状況に追い込まれていくのである。

（2）2000年〜2008年

2001年から02年にかけて続いた円安

翌2000年4月、アメリカで約5年にわたり続いた株式市場のブームが、IT関連株の暴落によって終わり、世界経済がリセッション（景気後退）を起こした。ITブームの恩恵を受け、この頃ひと息ついていた日本経済も、これをきっかけにふたたびデフレ型の不況と金融システムの混乱に見舞われたのである。

この景気後退に際し、日銀は2001年3月になってようやく重い腰を上げた。政策金利であるコールレートをゼロにする金融緩和策（＝ゼロ金利政策）をはじめ、金融緩和の規模をさらに拡大すべく「量的緩和政策」に踏み出したのである（ゼロ金利政策と量的緩和政策

図18　ドル円相場の推移（1999〜2003年）

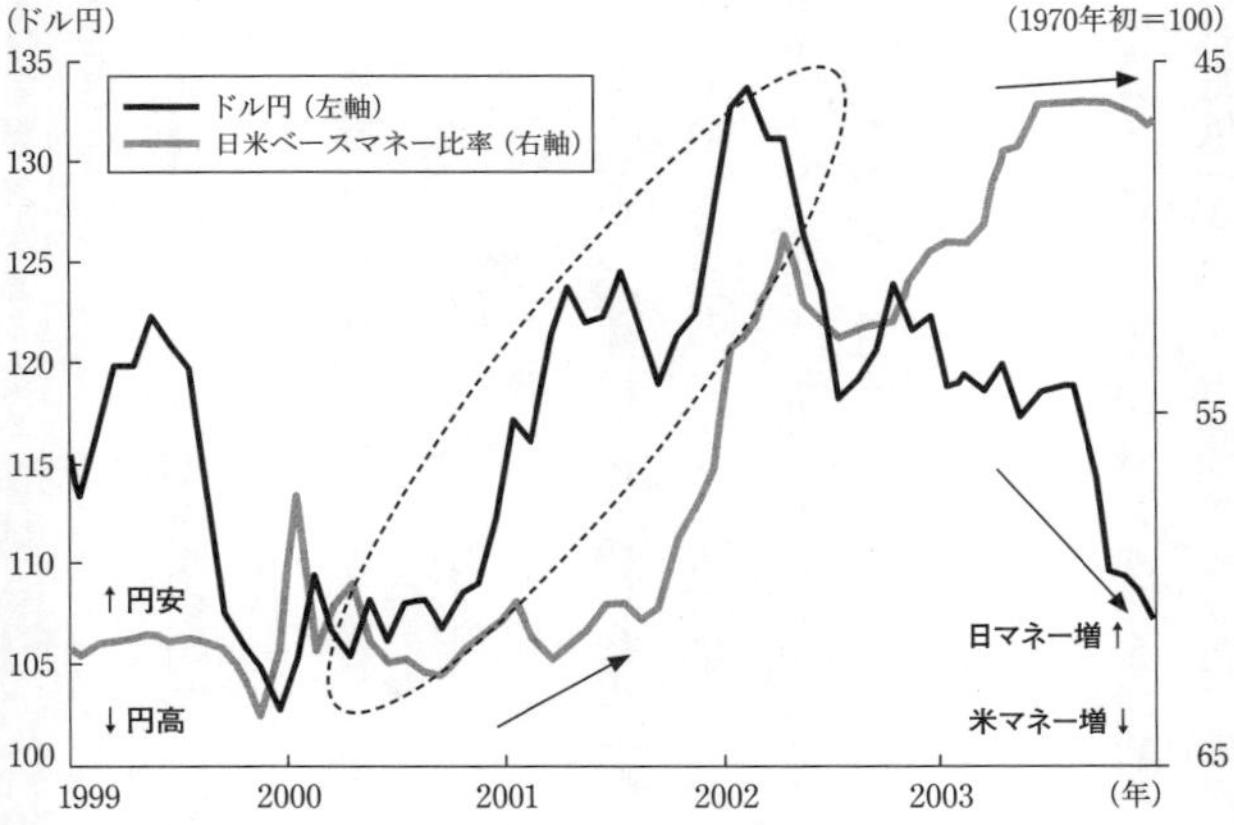

（出所）日本銀行、FRBより筆者作成

は次項で詳述）。

当時、アメリカも政策金利であるフェデラルファンド金利を引き下げる政策を続けていたが、日銀による「ゼロ金利政策」と「量的緩和政策」が大々的に発動された結果、日米ベースマネー比率は急激に低下。日米予想インフレ率格差も縮小することになった。

結局これが起点となり、2001年の1年間で、1ドル＝100円台半ばから1ドル＝130円前後へと、実に約2割もの円安が進んだのだ（図18参照）。

ゼロ金利政策と量的緩和政策

この円安を生み出した日銀の「ゼロ金利政策」と「量的緩和政策」は、具体的にはどんなものであったか？

これを説明するにあたって、短期的に資金が足りなくなった場合、みずほ銀行や三菱東京ＵＦＪ銀行といった一般の市中銀行どうしも、短期的に資金の貸し借りをしていることを理解しておいていただきたい。ちなみに、この市中銀行どうしが短期的な資金を貸し借りする場のことを「銀行間取引市場」という。

では、まず「ゼロ金利政策」から説明しよう。

（1）銀行間取引市場における市中銀行どうしの短期的な資金の貸し借りにも金利（＝コールレート）がつく。

（2）「ゼロ金利政策」とは、中央銀行が、コールレートが０％になるまで誘導すること。

中央銀行がゼロ金利政策を行う理由は、次のようなものだ。

（3）コールレートが０％になれば、市中銀行は銀行間取引市場から短期的な資金を０％の金利（＝金利なし）で借り入れることができるので、潤沢な資金（＝ベースマネー）

が手に入れられる。

（4）市中銀行は、潤沢になった資金を、個人や企業、投資家などに貸し出すことができるようになり、銀行貸出が拡大する。

（5）銀行貸出が拡大すれば、個人や企業にも潤沢に資金が回ってくることになるので、市場全体にマネーが行きわたり、日本経済全体の景気回復効果が見込まれる。

次に、「量的緩和政策」とは何か？

（Ⅰ）量的緩和政策とは、中央銀行が「買いオペ」という方法を用いて、市場を通じ、市中銀行から国債などの資産を買い入れることをいう。

（Ⅱ）この時、中央銀行に国債を買い入れてもらった市中銀行には、国債の対価として中央銀行から現金が振り込まれる。つまり量的緩和政策によって、市中銀行は資金を手にすることができる。

（Ⅲ）潤沢に資金を手にした市中銀行は、ゼロ金利政策の説明における（3）以降と同じ波及経路を通して、日本経済全体の景気回復に貢献することが見込まれる。

（量的緩和政策とは、こういった手順で、一国の中央銀行が〝物理的〟〝量的〟にその国のベースマネーの量を増やす政策であるため、そう呼ばれているものである。）

つまり、「ゼロ金利政策」も「量的緩和政策」も、中央銀行による金融緩和政策の一つの方法で、どちらも市場に潤沢な資金を送り込み（＝ベースマネーを供給し）、そのことによって国の経済全体の景気回復を目指すものである。

ここで忘れてはいけないのは、「ゼロ金利政策」も「量的緩和政策」も、市場に中央銀行の政策転換を印象づけることで、「予想インフレ率を引き上げる効果」を持つ政策であるということだ。

実際この時の日銀の大規模な金融緩和政策は、世界の市場参加者から驚きをもって受け止められた。筆者は当時、「ついに日銀は、デフレ脱却に向け、本気で政策対応に踏み切ったか！」という海外の投資家からの賛辞が多かったことを鮮明に記憶している。

そしてこの政策が、日米ベースマネー比率を急激に低下させると同時に、日米予想インフレ率格差も縮小させるという過程を経て、前述のように、円安局面をもたらしたのである。

FRBの政策転換で円高に

ところが翌2002年の春先からは、今度はITバブル崩壊後のアメリカにおいてデフレ懸念が高まった。雇用の回復が停滞しはじめ、消費者物価の伸びも極めて低い水準にまで落ちるという問題が生じたためである。

これにあたって当時FRBの理事だったベン・バーナンキは、「バブル崩壊後の日本のように、アメリカがデフレに陥るのを防ぐために、大胆な金融緩和に踏み出す」という姿勢を明確にした。そして実際同年11月、金融緩和策を実施し、2%を下回る極めて低い水準まで政策金利（＝フェデラルファンド金利）を引き下げたのである（ちなみに、政策金利を下げるというのは、97ページ以降で説明した銀行間取引市場の金利を下げて、中央銀行が市場に潤沢に資金を送り込むという意味での金融緩和政策である）。

FRBによる金融緩和に対する観測が市場で高まるにつれ、アメリカの長期金利は5%から3%台まで一挙に低下した。結果、これに連動する格好でドル円相場が円高に転じ、1年余り続いた円安局面が終わりを迎えたのである（次ページの図19参照）。

これを日米ベースマネー比率の動きで見たのが、102ページの図20である。2002年前半のFRBによる金融緩和強化で、それまで続いていた日米ベースマネー比率（グラフで

図19　ドル円相場と米長期金利の推移（2001〜2003年）

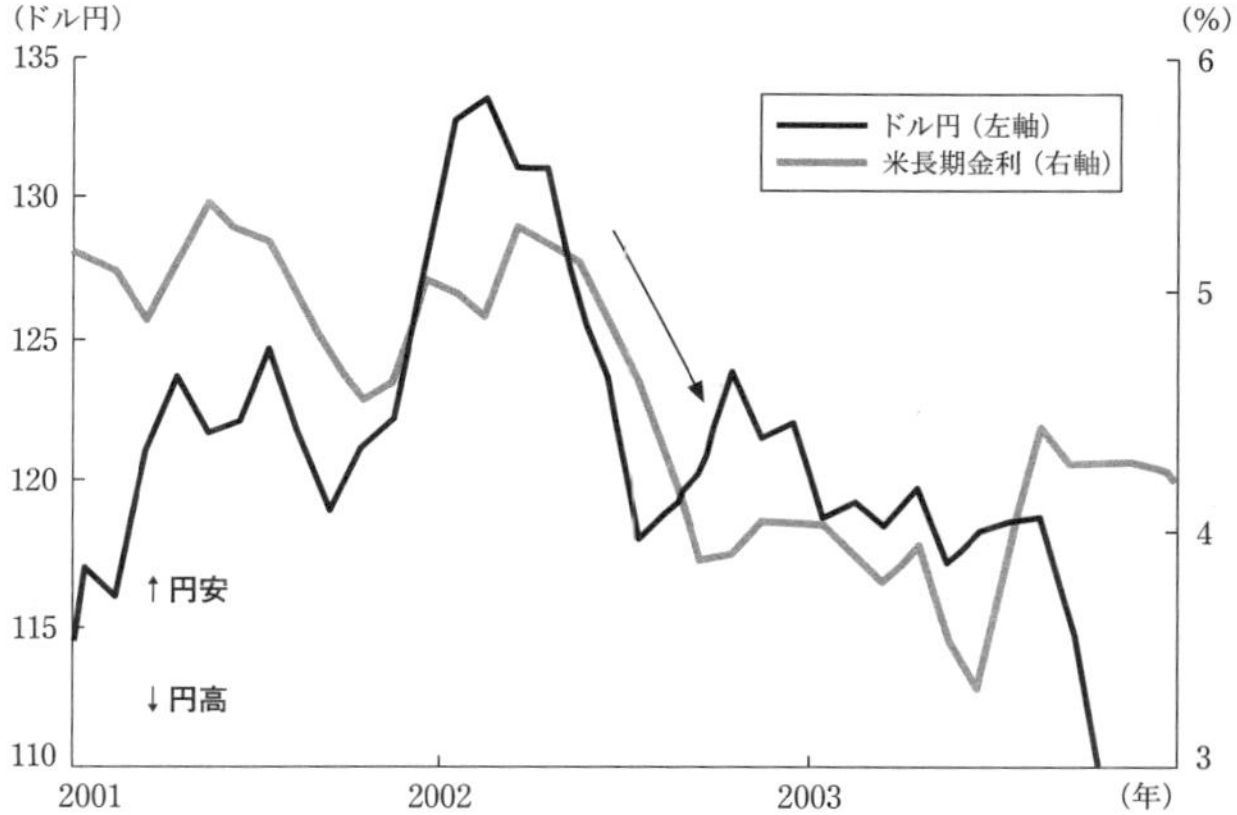

（出所）日本銀行等より筆者作成

は逆目盛り）の低下がいったん下げ止まり、ほぼ横ばいとなった。日米ベースマネー比率が横ばいになることは、円高要因とも円安要因ともいえない。にもかかわらず、円高が起こったのである。

なぜこの時、そうなったのか。それは次のような流れによるものである。

（1）当時、ＦＲＢ理事ベン・バーナンキなどがアメリカ国内のデフレリスクを警戒し、政策金利を最終的に１％という極めて低い水準にまで低下させた（この時バーナンキは「ヘリコプター・ベン」と揶揄《やゆ》された。彼が当時「金融緩和の方法としては、ヘリコプターから

図20　ドル円相場の推移（2002〜2005年）

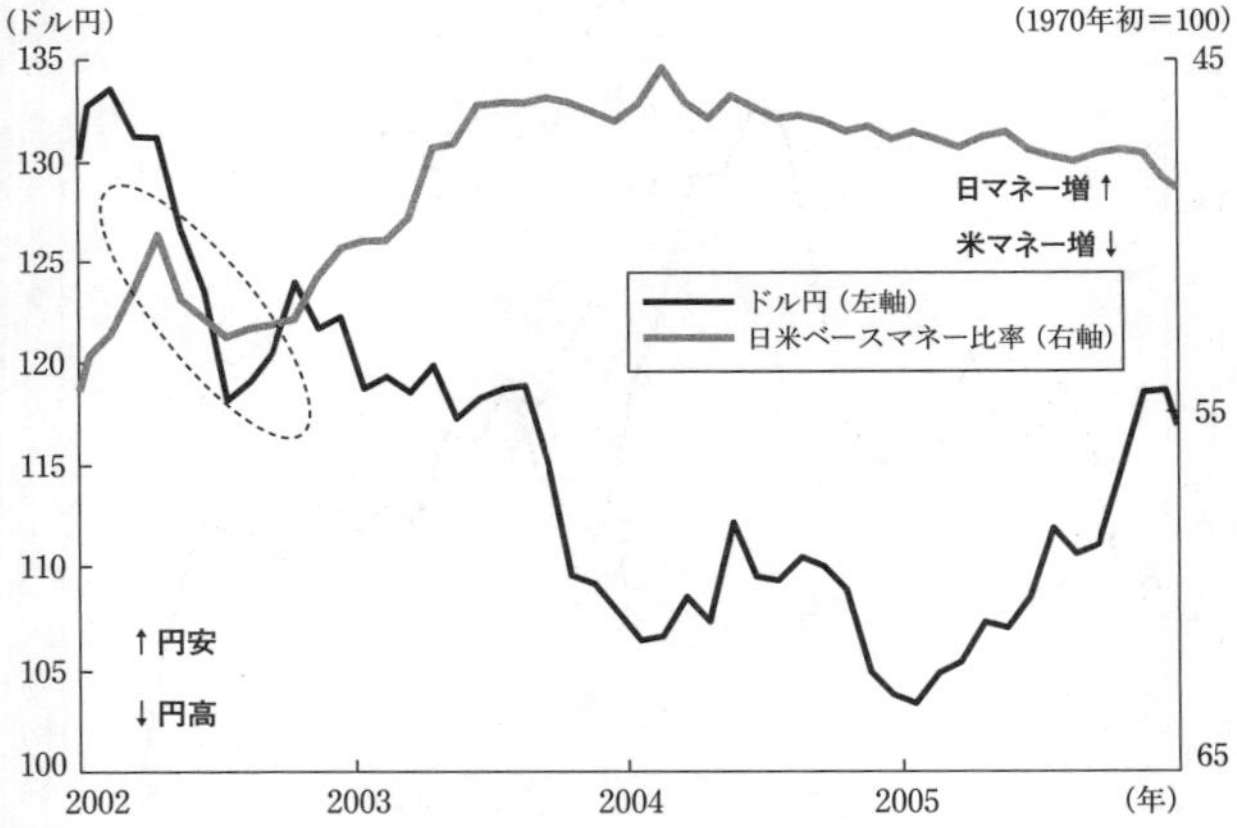

（出所）日本銀行、FRBより筆者作成

紙幣をばらまくという手段もある」と発言したことに由来したものである）。

(2)これが市場に大きな驚きを与え、アメリカの予想インフレ率が上昇した。

(3)一方、すでにデフレに陥っていた日本はというと、日銀の金融緩和に対する姿勢がそれまでの量的緩和政策を続けるという点であまり代わり映《ば》えのしないものだった。このため、アメリカ経済の停滞の影響を受けざるをえず、「日本のデフレ脱却は難しい」という予想が強固なものになった。こうして、日本の予想インフレ率がより一層低下した。

ここに至って、アメリカの予想インフレ率が高まる一方、日本の予想インフレ率が低下した結果——つまり、日米予想インフレ率格差が拡大した結果——２００２年3月以降、日米ベースマネー比率から導かれる理論上の為替レートを超える水準での円高ドル安が起こったのである（図20参照、日米ベースマネー比率は逆目盛り）。

円高に歯止めがかからない？

翌２００３年前半、日銀がベースマネーを拡大させる量的緩和のピッチを早めた結果、日米ベースマネー比率はふたたび低下し、今度は円安が起きてもおかしくない状態に突入した（前ページの図20参照）。

それでもこの時、為替市場では円高に歯止めがかからなかった。

当時、りそな銀行などの経営破綻が噂されるなど、日本国内で金融システムの信用がふたたび揺らいでいたからだ。このため、「日銀の金融緩和ではデフレから脱せない」という悲観的観測が支配的となり、日本の予想インフレ率が低下したのだ。

これをきっかけとして、この年の９月、日本はふたたび１ドル＝１１０円割れの円高を経験することになった（図20参照）。

この頃は、ＩＴバブルの崩壊の影響を克服したアメリカを中心に、世界の国々で景気が回復に向かっていた時期だった。しかし、日銀による金融緩和政策が不十分だったため、日本の景気回復は最も出遅れることになったのである。

２００５年から３年弱続いた円安

その後ＦＲＢは、アメリカの雇用が本格的に回復し始めた２００５年から、金融引き締めの方向に転じるようになる。一方の日銀は脱デフレをめざし、２００１年３月から政策金利（＝コールレート）をほぼ０％に誘導するゼロ金利政策を続けていた（これは２００６年３月まで続く）。

結果、今度は市場が「日米金利差がふたたび拡大する」との思惑を抱いたことにより、円高・ドル安も２００５年１月には収まることになった。この時、日米金利差の動きが為替に大きな影響を与えていた理由は、それが、ＦＲＢが金融引き締めに転じることを示す強烈なシグナルになったからである。

ＦＲＢによる利上げが続くとの予想が強まったことから、アメリカ国債を購入するための、ドル買い・円売り取引が増え、為替市場にドル高円安をもたらしたのである。

図21　ドル円相場と米長期金利の推移（2003〜2007年）

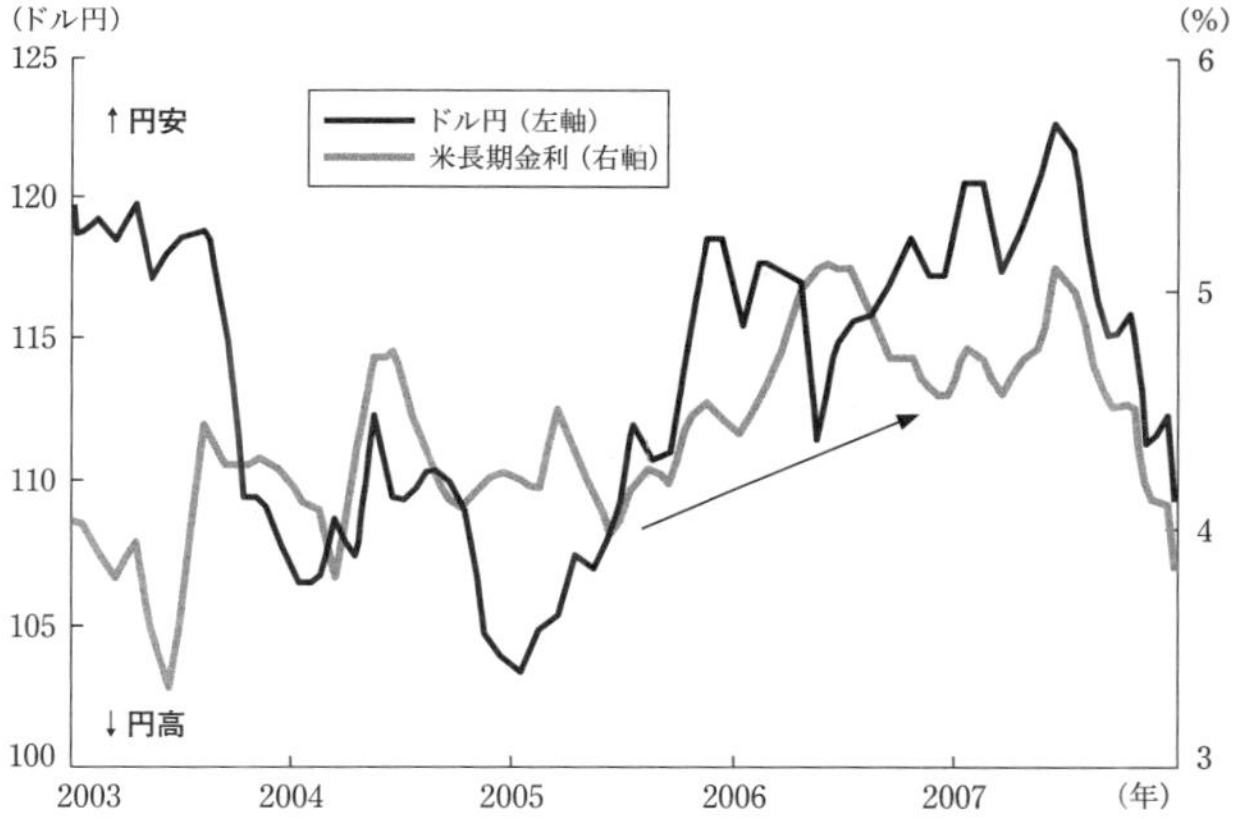

（出所）日本銀行等より筆者作成

この間の動きをグラフ化したのが、図21である。

２００５年初頭には１ドル＝１００円前後まで円高が進んでいたが、それ以降は３年弱にわたり円安が続いたのである。

ただ、次ページの図22を見ればわかる通り、２００５年以降の円安の時期において、日米ベースマネー比率（グラフは逆目盛り）はやや上昇している。その場合、理論上は円高要因になるはずだが、ＦＲＢと日銀のバランスシートの変動は、円高要因として直接は働いていなかった。それよりも、アメリカの金利上昇が続く（＝アメリカの予想インフレ率低下要因）ことによる日米金利差の上昇が、後で説明するような日米予想インフレ率格差の縮小

図22　ドル円相場の推移（2003〜2007年）

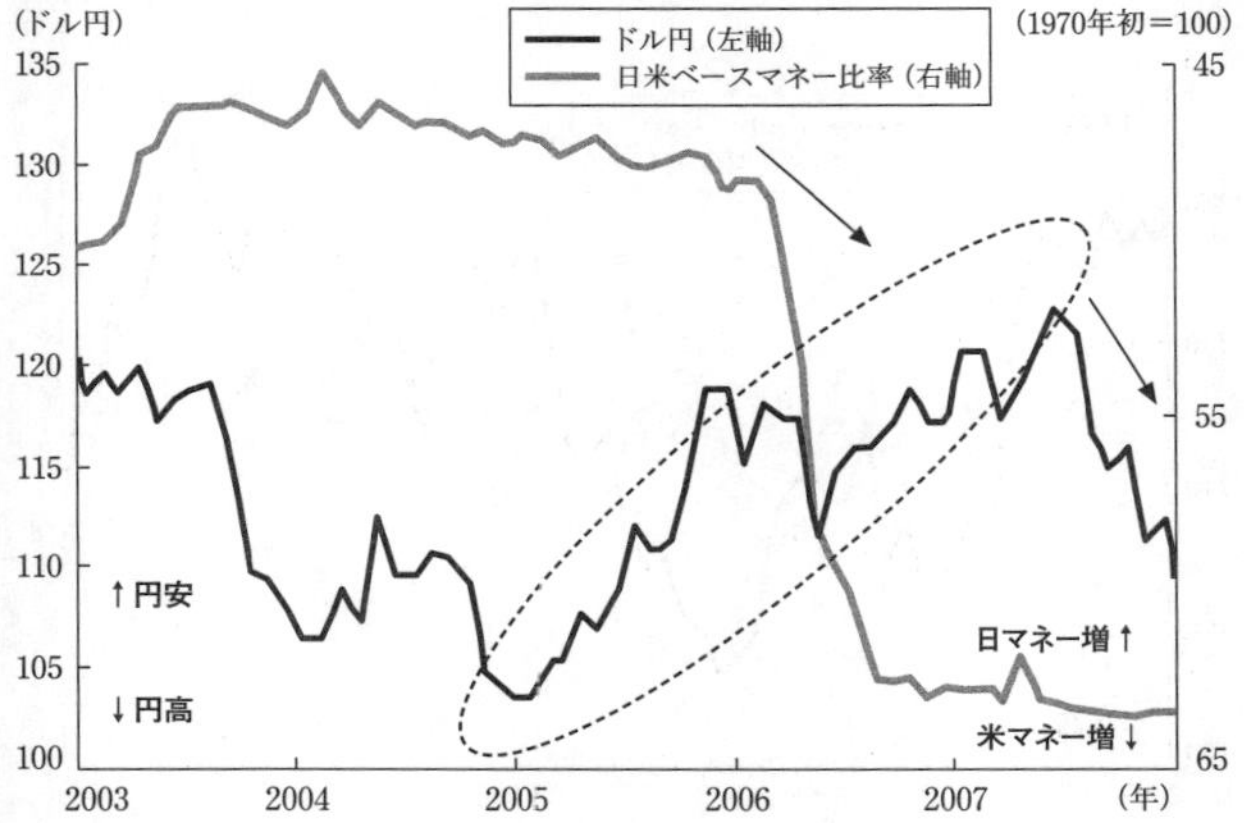

（出所）日本銀行、FRBより筆者作成

をもたらし、ドル高・円安を引き起こしていたのだ。

とはいうものの、この時期、日米ベースマネー比率が為替相場にまったく影響を与えていなかったわけではない。それが影響を及ぼすに至るまでには、タイムラグが生じることがあるのだ。

次ページの図23を見てほしい。これは、図22の起点を少し前にずらして、2001年から07年までの時間軸で表したものだ。

2001年から03年にかけて行われた日銀による量的緩和政策によって、日米ベースマネー比率（グラフは逆目盛り）が大きく低下していたことが確認できる。そして、量的緩和政策のインフレ率への影響が、タイムラグ

図23　ドル円相場の推移（2001〜2007年）

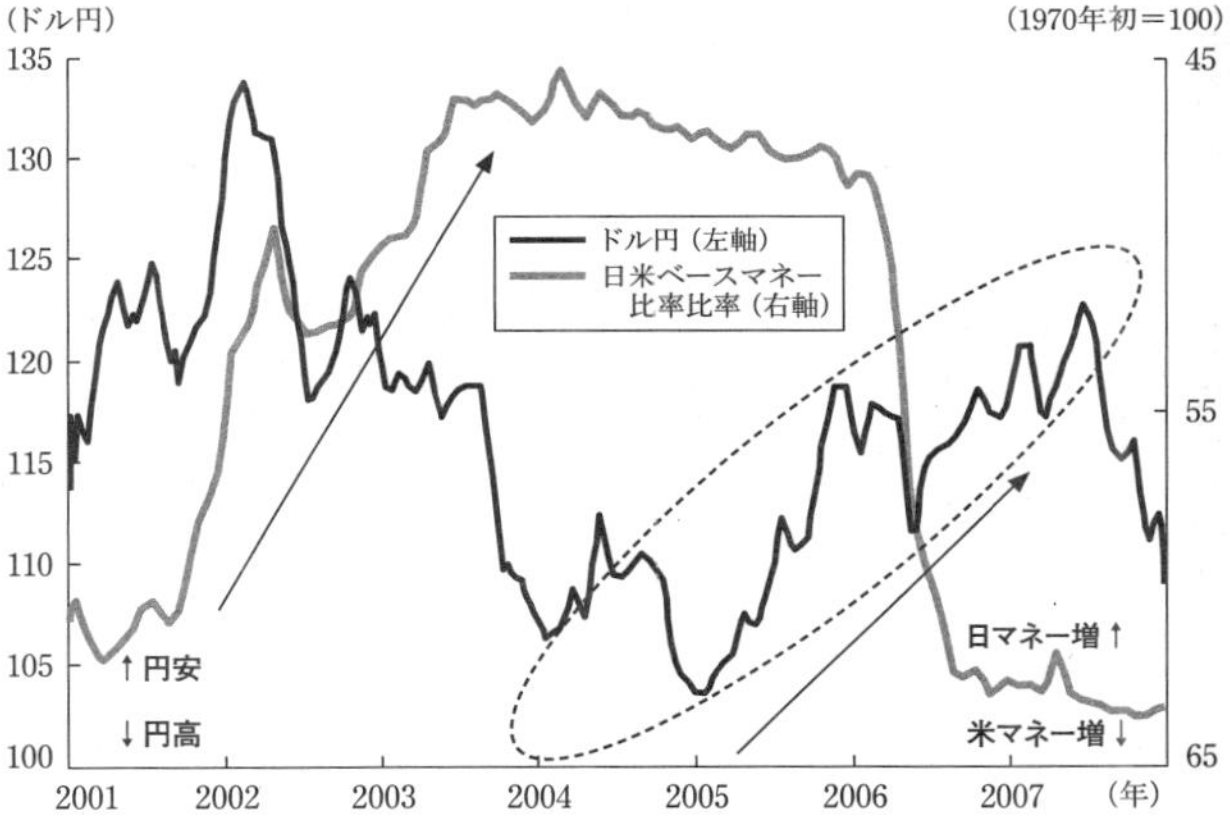

（出所）日本銀行、FRBより筆者作成

図24　ドル円相場の推移（2001〜2007年）

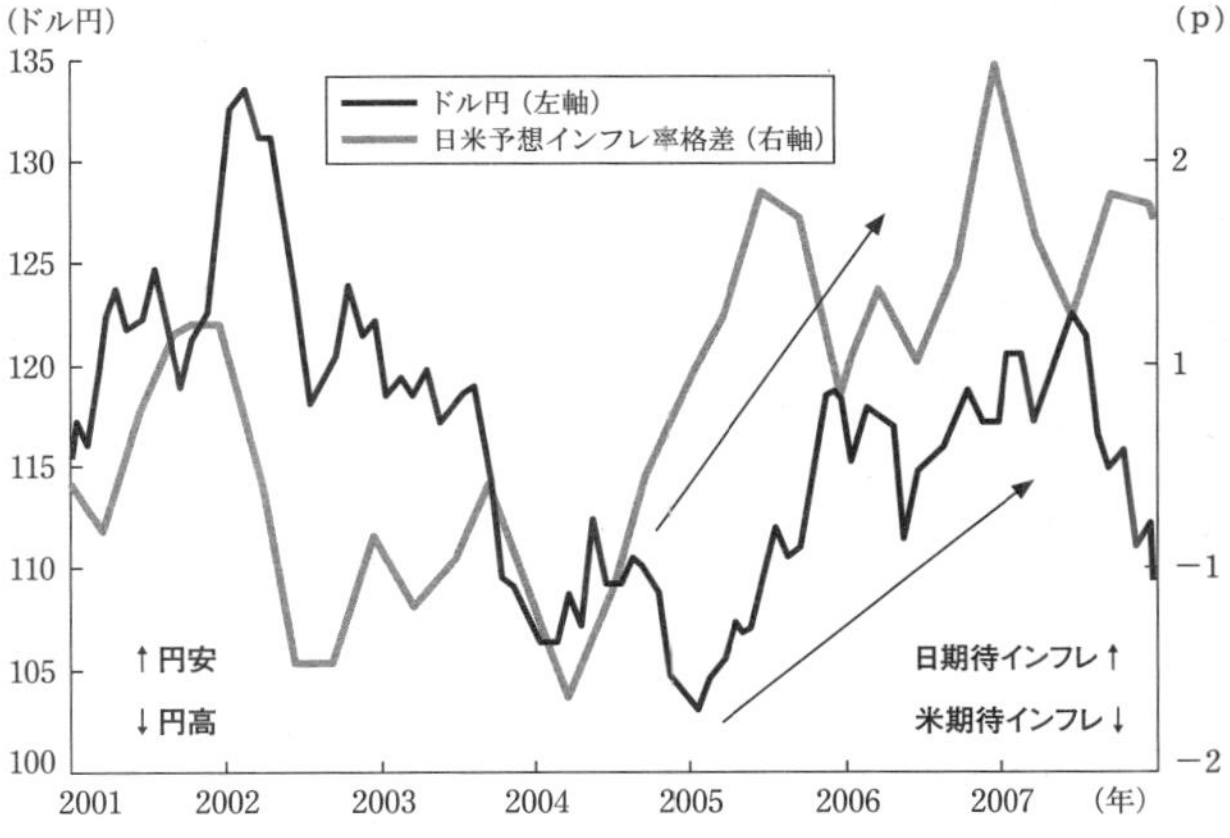

（出所）日本銀行、ISMより筆者作成

を伴って2005年以降現れ始め、円安ドル高が起こっている。

このような時間差が生じるのは、ベースマネーの変化――つまり金融政策の変化――が現実の経済活動や人々の予想インフレ率に影響を及ぼすまでには時間がかかる場合があるからである。当時の日本では「日本はまだまだデフレから脱却できない」というデフレ期待（＝予想インフレ率の低下）が相当強くあった。そのため、日米予想インフレ率格差の変動が起こるまでに相応の時間を要したのである。

実際に、ドル円相場と日米インフレ率格差を比較した前ページの図24を見ると、日米予想インフレ率格差が2004年半ばから上昇し（＝円安要因）、それが2005年以降の円安をもたらしていることがわかる。

ミセスワタナベ

この時期、外国為替法の改正（98年）によって為替取引がほぼ自由化されていた日本では、FX（外国為替証拠金）取引のサービスを提供する金融会社が増え、個人投資家の間でブームになっていた。いわゆる「ミセスワタナベ」の登場である。ミセスワタナベとは、日本の専業主婦が昼間FX取引に熱中していることを海外メディアが揶揄してつけた、「日本でF

図25　投資信託が保有する対外資産の推移

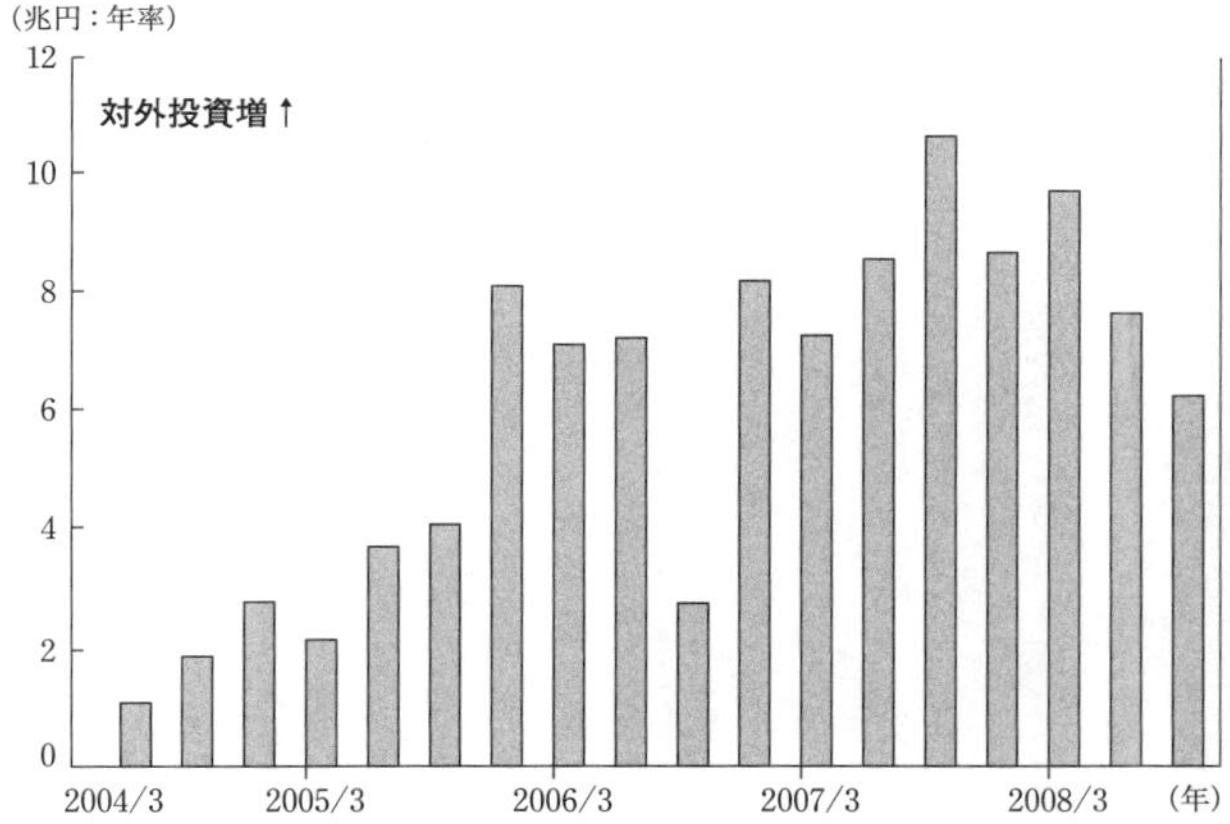

（出所）日本銀行より筆者作成

X取引を行っている人たち」のことである。「ミセスワタナベ」が大量に登場すれば、日本からの外貨投資も増える。そうなれば、「ドル買い・円売り」の潮流が生じる。これは円安要因になる。

またこの頃、投資信託の分野では、「毎月配当型投資信託」の仕組みが広がっており、外貨建ての対外資産などに投資する個人投資家が、年金の上乗せ目的の高齢者を中心に大きく増えていた（図25参照）。「毎月配当型投資信託」とは、毎月、あるいは2、３か月に1回というタイミングで、投資家に一定の金額の配当金が支払われるかたちの投資信託のことである。

日本と他国の金利差を収益源とする外貨建

て投資は、かつては生命保険などの機関投資家や事業会社（＝製造業や商社）などに限定されていた。この裾野《すその》が「毎月配当型投資信託」の登場により一般の個人にまで広がったのだ。これは、外貨建ての資産を日本人が多く購入することにつながるから、為替市場に「円売り・ドル買い」の流れを作り、これも円安要因になる。

ＦＸ取引での外貨通貨買いと一般の人々の外貨投資が増えたことが、２００５年１月から２００７年８月にかけての円安を後押ししてもいたのだ（１０７ページ図24参照）。

円キャリートレード

またこの時期、世界のヘッジファンドや年金運用基金などのプロの投資家たちが、低金利が続く日本などで資金調達を行い、資源や新興国通貨などの証券に投資を行う、「円キャリートレード」というムーブメントも生じていた。この動きも、当時の円安を加速させていたのである。

前述のように日銀は、２００１年３月以来の量的緩和政策を継続していた。そのため、日本の短期金利や貸出金利も、これに連動して下がっていた。

つまり、日本において資金を低金利で借り入れ、金利が高く設定されているオーストラリアなどの国債などに投資をすれば、その金利差自体が利益になる。そのため、この時期プロの投資家にとっては、各国と日本の金利差からリターンを得る機会が、世界的な規模で生じていたのである。

こうした名目金利差を収益源とする投資ポジション（＝円キャリートレード）は、その多く場合において、レバレッジをかけてリターンを高める戦略が採用された。レバレッジとは和訳すれば「テコ」のことであるが、この場合は、手持ちの投資資金（＝元本）を担保（＝拠出金）に（テコの原理を使うようなかたちで）何倍ものお金を市場から借り入れ、大規模に投資する方法のことである。

このレバレッジを用いた円キャリートレードは、次の（1）～（3）のような経路を経て、為替市場に大規模な円安の流れを作っていた。

（1）たとえば原油高で資金を増やした中東の投資家が、よりリターンの高い投資先を探すために、日本に支店を持つ外国の銀行から低金利の円資金を大量に調達する。
（2）その資金で、為替市場においてオーストラリアなどの高金利通貨・債券に投資する。
（3）こうして為替市場における大きな「ドル買い・円売り」の流れが生み出され、円安を加速させる。

日銀の大失政

一方、２００６年から翌年にかけて、それまでの量的金融緩和の効果が現れ、かつ世界経済回復にも助けられた日本経済は、デフレから脱却する一歩手前まで来ていた。

そんな最中《さなか》の２００６年３月、日銀は「量的緩和の解除」（＝量的緩和政策の中止）、そして「ゼロ金利政策の解除」（＝政策金利の引き上げ）を始めてしまったのである。すると当然のことに、「日米金利差が拡大することで円安が続く」という市場の期待は少しずつ低下していった。

さらに日銀は、デフレが続いているにもかかわらず、２００６年７月と２００７年２月の２回にわたって政策金利を引き上げるなど、金融引き締め政策を本格化させたのである。これは、日本経済の先行きを大きく見誤った日銀による、取り返しのつかないほどの大失政だった。その後日本経済は、ふたたびデフレスパイラルに陥り、国民所得が大きく目減りするという事態にまで追い込まれたのである。

(3) リーマン・ショック（2008年）以降

サブプライムローン問題

そんな中、為替市場以外のところで、世界経済を揺るがす大きな問題が台頭してきていた。アメリカにおいて住宅価格の下落により、住宅担保ローン証券を抱えた金融機関や投資家の資産劣化が表面化したのだ。いわゆるサブプライムローン問題である。

「サブプライムローン」とは、本来住宅ローンを組むことが難しい低所得世帯向けの住宅ローンのことである。そして、このサブプライムローンを証券化し、世界の金融機関に向けて大々的に売りだしたものが「サブプライムローン証券」だった。

低所得世帯向けの住宅ローンとなれば、金融機関にとって貸し倒れリスクは高いはずだが、「サブプライムローン証券」の場合、高度な証券化の技術によってリスクが低減されているように見えた（実はリスクが高かったのだが……）。そのため、欧米の金融機関はこれをこぞって買い求め、大量に保有していたのである。

しかし、この無理くりといったかたちで売り出されたサブプライムローン証券が、そのリ

図26　米国　住宅価格vs.政策金利

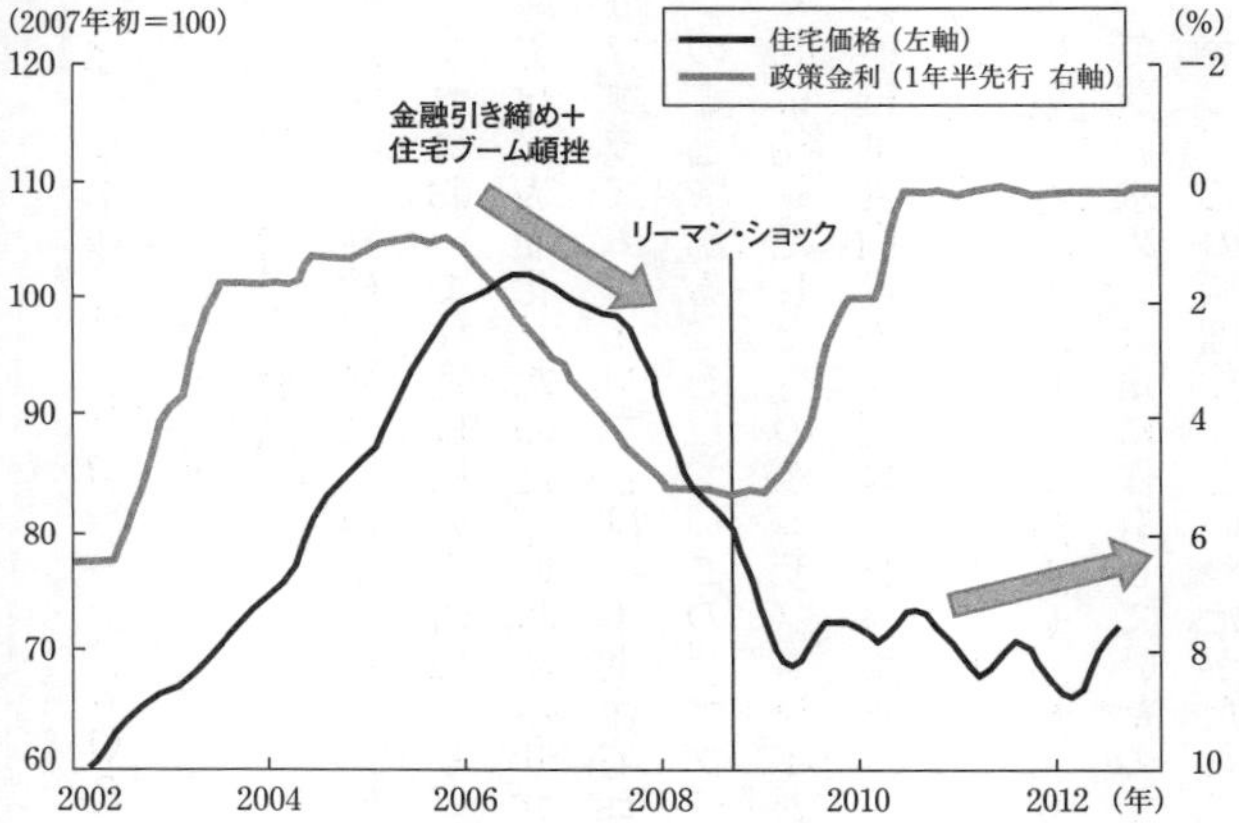

（出所）FRBより筆者作成

スク許容度を完全に超えるほどの規模でバラ撒《ま》かれた結果、アメリカ住宅市場のバブルを生んだのである。

パリバ・ショック

すでに2000年代初頭から大きく上昇していたアメリカの住宅価格は、2004年にFRB（当時の議長はアラン・グリーンスパン）が政策金利の引き上げ（＝金融引き締め）に転じた効果から、2006年半ばからピークアウト（＝低下）に向かっていた（図26参照）。

そして翌2007年8月、欧州の大手金融機関BNBパリバ傘下の投資会社が、顧客資産の償還を見合わせるという発表に至り、世界の金融市場は激変した。世にいう「パリバ・ショック」である。

「顧客資産の償還を見合わせる」というのは、「投資会社が投資家に約束していた額の償還が不可能になる」ということだ。これは、投資家にとってみれば、投資資金の元本が返金されないことを意味する。なぜそうなったかといえば、件《くだん》の投資会社の保有資産が大きく劣化していたからだ。

その投資会社は、サブプライムローン証券を大量に保有していた。そして、2006年半ば以降、アメリカの住宅価格が下落し始めると同時に、このサブプライムローン証券をもとに組成された金融商品は大きな含み損を抱えることになっていったのである。

このパリバ・ショック以降、世界中の投資家に「欧米の金融機関は、サブプライムローン証券をもとに組成された金融商品を大量に抱えているのではないか?」という疑念が生じ始めた。

実際、リーマン・ブラザーズ、シティ・バンク、ゴールドマン・サックス、ベア・スタンダーズなど、投資銀行を中心とする米英の名だたる大手金融機関がサブプライムローン証券を組み込んだ金融商品の引き受け手となっていた。

そして、アメリカ住宅市場のバブルが、2005年以降のFRBの金融引き締めによって崩れ始めた後に大きく弾け、これらの金融機関の資産に大きな劣化が生じてしまったのである。

これがサブプライムローン問題の真相だった。

リーマン・ショック

そして、２００８年９月に起きたのが、米大手投資銀行リーマン・ブラザーズの破綻劇だった。いわゆる「リーマン・ショック」の勃発《ぼっぱつ》である。

米英を中心とする大手金融機関が保有資産の劣化に直面したことから、株式市場において金融機関の破綻が織り込まれ、それらの株式が大規模に売られた。その際、アメリカ当局は、リーマン・ブラザーズの救済策を実現できず、同社は９月15日に経営破綻したのだ。

結果、リスク資産の圧縮・資金取引の撤回に伴う株式市場の大クラッシュが世界中の市場を襲い、世界経済もろとも大混乱の渦へと引きずり込んでいったのである。

たとえばアメリカのダウ平均株価は２００８年９月12日（リーマン・ショック直前）から同年10月27日の約１か月半で約30％も暴落。日本の日経平均株価も、同様に１万２２１４円から７１６２円へと41・３％も暴落した（東証株価平均ＴＯＰＩＸは１１７７から７４６へと暴落)。ドイツの株価指数DAXは約3割暴落、香港のハンセン指数は4割以上も暴落と、世界中の市場で大暴落劇が引き起こされたのである。

2年半続いた円安の終わり

当時、日本経済は、日銀による早すぎた金融引き締め政策によって、またしても脱デフレ・経済正常化への道筋が閉ざされかけていた最中だった。そこにリーマン・ショックが追い打ちをかけた。日本経済は崖から突き落とされたように転落していったのである。

折から日米ベースマネー比率は上昇に転じていたのだが、それに為替レートが反応していなかった。しかし、2007年8月のパリバ・ショック以降、世界経済の回復の道が途絶《とだ》え、そこに日本経済が脱デフレ・経済正常化に失敗するという懸念が浮上したことから、各国中央銀行が「ベースマネーを増やすかどうか」という政策動向に大きな注目が集まることになった。ここに至り為替市場において、この日米ベースマネー比率の上昇が、円高・ドル安要因として突如顕在化したのである（107ページの図23参照）。

これによって、2005年1月から2007年8月までの円安の流れを作ってきた、円キャリートレード時からのポジション解消が一気に進んだ。つまり、世界の投資家がドル売り・円買いを加速させたのである。

同時に、FX取引などで、米ドルやオーストラリアドルなどの比較的金利が高い外貨への投資を増やしていた日本の個人投資家も、そうした資産ポジションを解消せざるをえなくなった。この動きもまた、2007年8月以降、ドル円相場に円高圧力をかけるようになった。円安の時代が終わりの鐘を告げ、日本はまた円高が進行する時代に突入したのだ。

極度に劣った日銀の金融緩和策

その後、為替相場はリーマン・ショック後の各国の金融政策の影響をモロに受けた。具体的には、FRBが大きくベースマネーを拡大させる一方、日銀はあまりベースマネーを拡大させなかったため、日米ベースマネー格差が広がった。こうして円高は、「歴史的」とも呼べるほどの勢いで進行していったのである。

リーマン・ショックという戦後最大規模の経済混乱に見舞われた各国政府・当局は、その後、金融緩和と拡張的な財政政策に打って出ることによって積極果敢な対応を開始した。

とくに、先進各国が力を入れたのが、中央銀行による金融緩和策だった。FRBは2008年12月にいち早く政策金利をほぼゼロにまで引き下げた（=ゼロ金利政策の導入）。その

図27　主要中央銀行のバランスシート

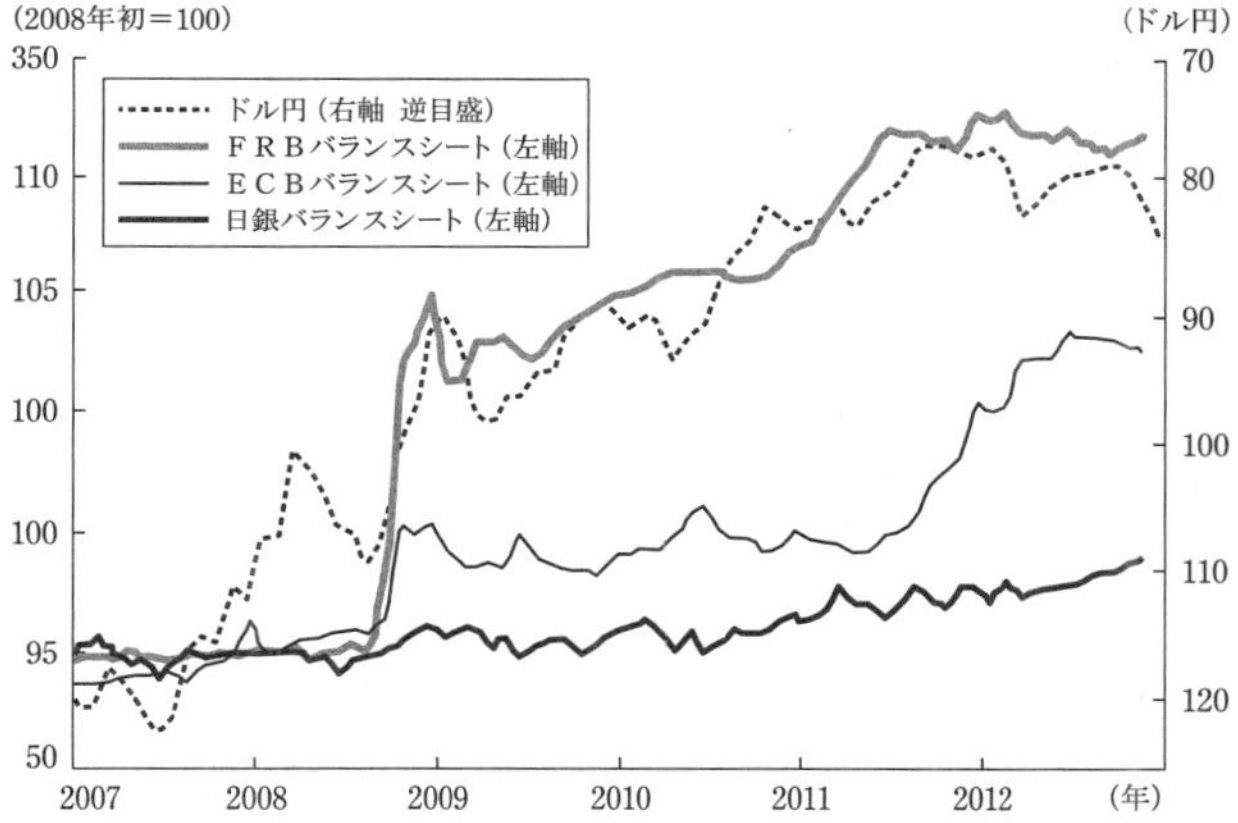

（出所）各中央銀行より筆者作成

後も金融緩和の手を緩めず、ＱＥ１《キュー・イー・ワン》～Ｑ《キュー・》Ｅ４《イー・フォー》（量的緩和第１弾～第４弾）と呼ばれる大規模金融緩和強化策などを矢継ぎ早に打ち続けた。

その一方で、日銀はこうした策を打つことに躊躇《ちゅうちょ》していた。本来ならばデフレから抜け出すためにも最も強力な金融緩和を行わなければいけないはずの日銀が、常に後手後手に回り、金融緩和の規模も圧倒的に劣っていたのである。

図27は、日米欧の中央銀行のバランスシートの規模を示したものである（グラフ中のドル円レートは逆目盛り）。これを見ると、各国の中央銀行が市中銀行などから国債や住宅ローン債券などの資産を積極的に買い入れて

図28　日米欧の名目GDP

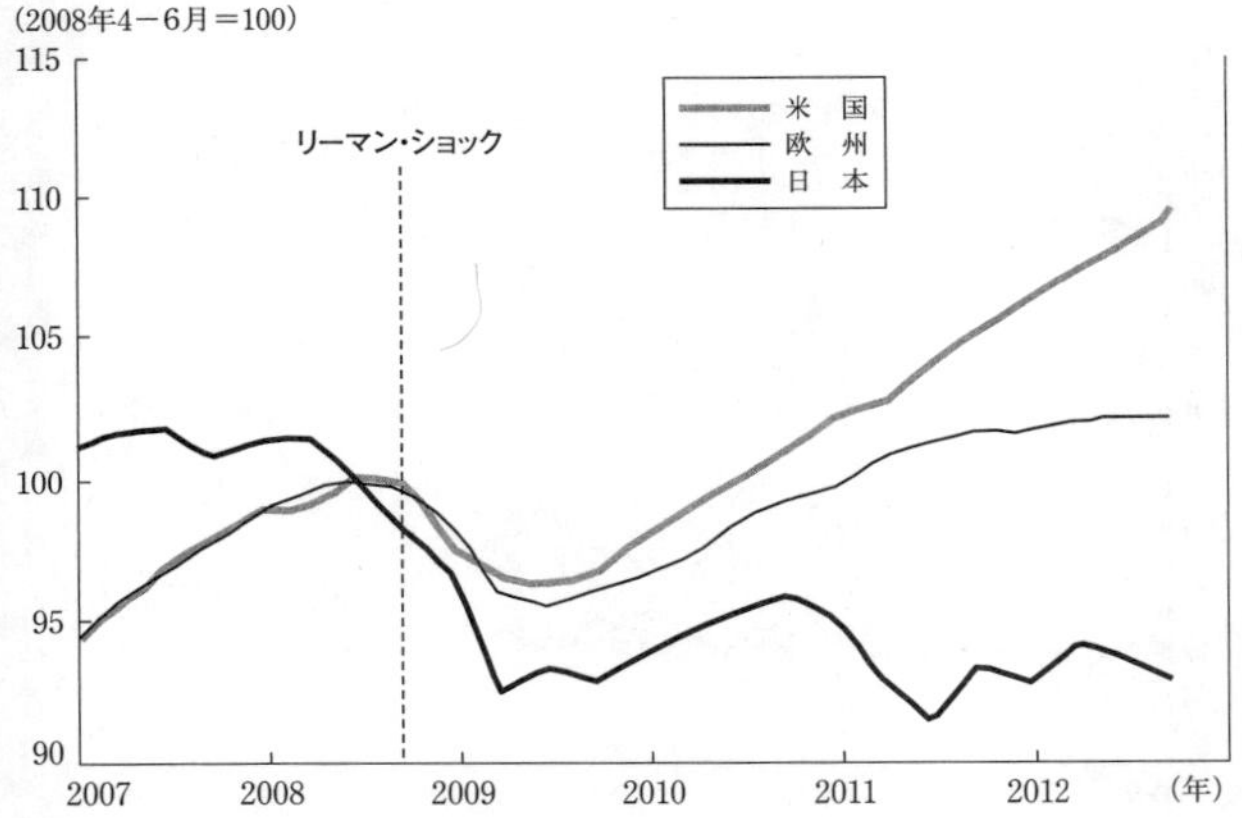

(出所) 内閣府等より筆者作成

いるかどうか、言い換えれば、中央銀行が資産を買い入れる対価として市中銀行などに潤沢にマネーを供給しているかどうかがわかる。このように、各国の中央銀行のバランスシートの規模の差を見れば、中央銀行がどれだけの規模の金融緩和を行っているかを直感的に測ることができるのである。

リーマン・ショック後に、日米の中央銀行がゼロ金利政策をとる過程（FRBと日銀はともに2008年12月にゼロ金利政策を導入）で金利差がほとんどなくなった。そんな中で、両国の量的緩和政策の規模の差が、リーマン・ショック以降の円高をもたらしたわけだ。

この結果、行きすぎた円高時代が到来し、

図29　豊かな国ランキング（１人当たりGDP）

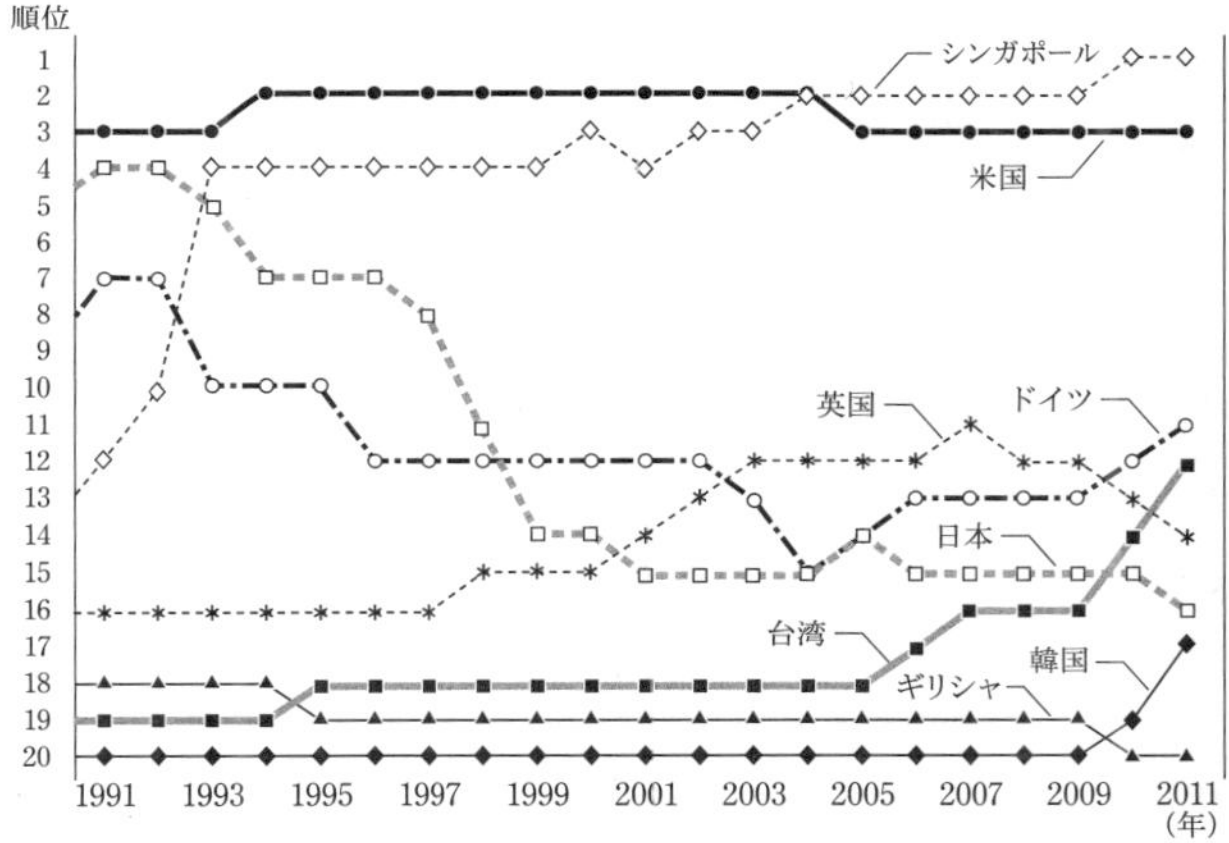

（出所）IMFより筆者作成、購買力平価ベース。2010年の経済規模上位20カ国が対象。

さらに２０１１年３月の東日本大震災による痛手もあり、日本経済の回復は非常に弱々しいものになったのである。

株価停滞の最大の要因

前ページの図28は、リーマン・ショック後、日米欧の名目ＧＤＰがどう推移したかを示したものである。名目ＧＤＰは第１章で述べたように、日本の景気動向を示す数字である。これを見ると、日本だけがはっきり数字を落としている。まさに、日本はリーマン・ショックによって最も被害を受けた国の一つなのだ。

名目ＧＤＰが増えていないということは、国民一人ひとりにあてはめてみると、個々の収入がまったく増えていない、ということで

図30　名目GDP vs.ドル円相場 vs.株価 vs.雇用者報酬

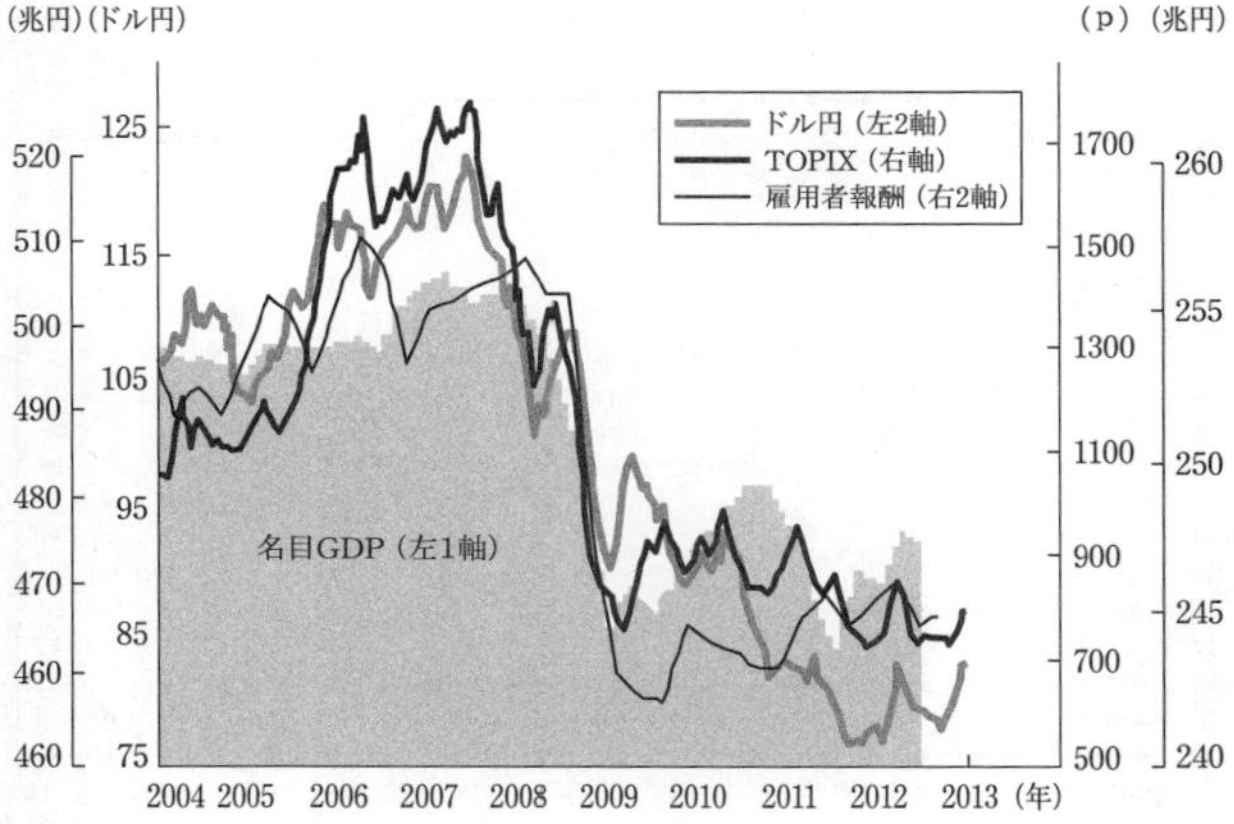

（出所）内閣府、東証、日本銀行より筆者作成

ある。実際、17ページの図1で示したように、日本人の平均給与は1割以上も減り、約400万円を下回る寸前まで落ち込んだのである。

しかも、こうした状況は、経済危機の震源地であったアメリカやヨーロッパ諸国では起きていない。実際に前ページの図29で国民1人当たりのGDPを見ると、それらの国々は順位を落としていないのだ。対照的に日本は、金融危機を克服できないでいるギリシャなどと同様にランキングを落としている。

なぜ、そんなことが起きてしまったのか？

それは、デフレと同時に、まさに行きすぎた円高が起きたためである。

ふたたび第1章の30ページの図2を見ていただければ、「デフレ下で起きる円高は、日

図31　日米中央銀行の政策金利

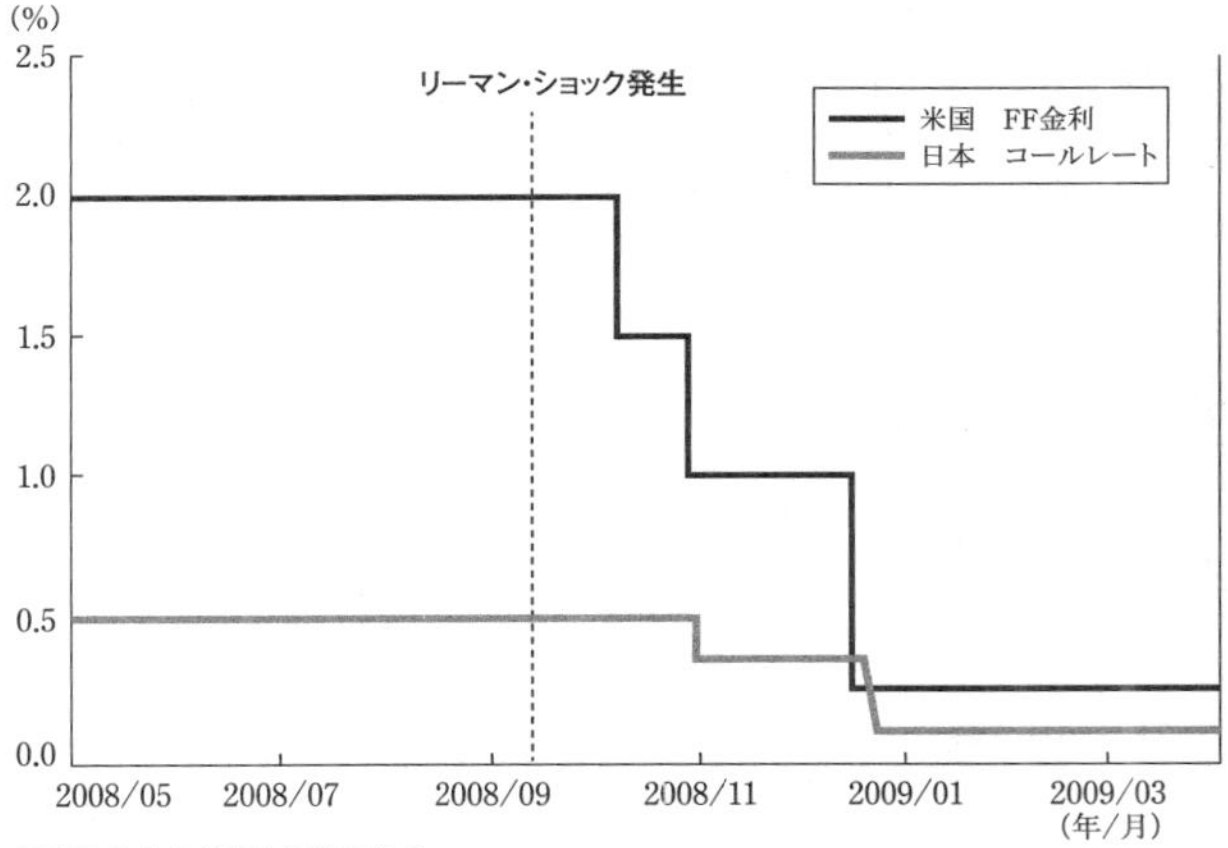

（出所）各中央銀行より筆者作成

本〝全体にとって〟明確に悪」であることが如実にわかる。ここではさらに、この図２に、株価と雇用者報酬の推移を書き入れたものを示してみよう（図30参照）。

この図からは、ドル円相場が円高に振れることによって、株価（ＴＯＰＩＸ）が下がり、日本の名目ＧＤＰが低迷、その結果として日本の労働者の収入（雇用者報酬）がいかに減っているかが、ひと目で見てとれる。日本人は、円高の進展と同時に貧乏になってしまっているのだ。

歴史的な超円高

２００８年９月、当時の与謝野馨《よさのかおる》経済財政担当相が「（リーマン・ショックは）日本経済にとって蚊に刺されたようなもの」と述べた。この発言に代表されるように、戦後最大規模の経済の落ち込みに対する当時の政治家・政策当局の危機意識は、あまりに薄かったと断言せざるをえない。

ＦＲＢは、２００８年９月末に緊急会合を開き、早くも10月７日には２％から１・５％へと、０・５％にも及ぶ最初の利下げを決定した。しかし、日銀が利下げを始めたのは、それから３週間以上も遅い10月31日のことだった（前ページの図31参照）。

続いてＦＲＢは12月に、量的金融緩和策という手法を用いて、大規模なベースマネーの拡大政策に踏み切った。これは、２００９年３月から始まったＱＥ１（大規模量的緩和第１弾）の先駆けともいえる金融緩和策だった。

一方の日銀は、「技術的な資産買入れ手法の変更」のみを行い、購入資産を増やして市場にマネーを追加供給する金融緩和策（＝量的緩和政策）は（ほとんど）行わなかった。日銀は、市中銀行などの金融機関に対し、買いオペなどの方法を用いて資金供給（＝資産買い入れ）をする際、担保を設定する。「技術的な資産買入れ手法の変更」とは、その担保の種類を拡大するというだけのものである。

これによって、企業は資金難に陥った時、少しは資金繰りを円滑にできるようになる。しかしこれは、日銀が購入する資産の対象を広げるだけで、必ずしも日銀が買い取る資産規模が直接増えることにはならず、実際には何ら金融緩和（＝ベースマネーの規模の拡大）にはつながらないものであった。

結局、日銀は２００９年３月になって、ようやく長期国債の買い入れ額を年間あたり４・８兆円増やしただけという有様だった。しかもこの緩和は、それまでの長期国債の買い入れ金額の枠組みを少し増やしただけのものだった。まさに「量的緩和の規模」を言い訳程度に拡大したにすぎなかったのである。

一方でＦＲＢは同じ２００９年３月に、アメリカ国債を大量に購入（６か月で３０００億ドル）することを宣言し、バランスシートを拡大させる姿勢を鮮明にした。ＱＥ１の歴史的な発動のその時だった。

こうしてＦＲＢが供給するベースマネーの量が増える一方、日銀が供給するベースマネーの量はほぼ一定であったことから、日米ベースマネー比率が大きく上昇することになった。これが、２００８年９月から２０１２年１月にかけて、１ドル＝１１０円から１ドル＝75円前後に達した、歴史的ともいえる「超円高」の流れを生み出してしまったのである（１２２ページの図30参照）。

図32　ドル円 vs. 日米2年物国債の金利差

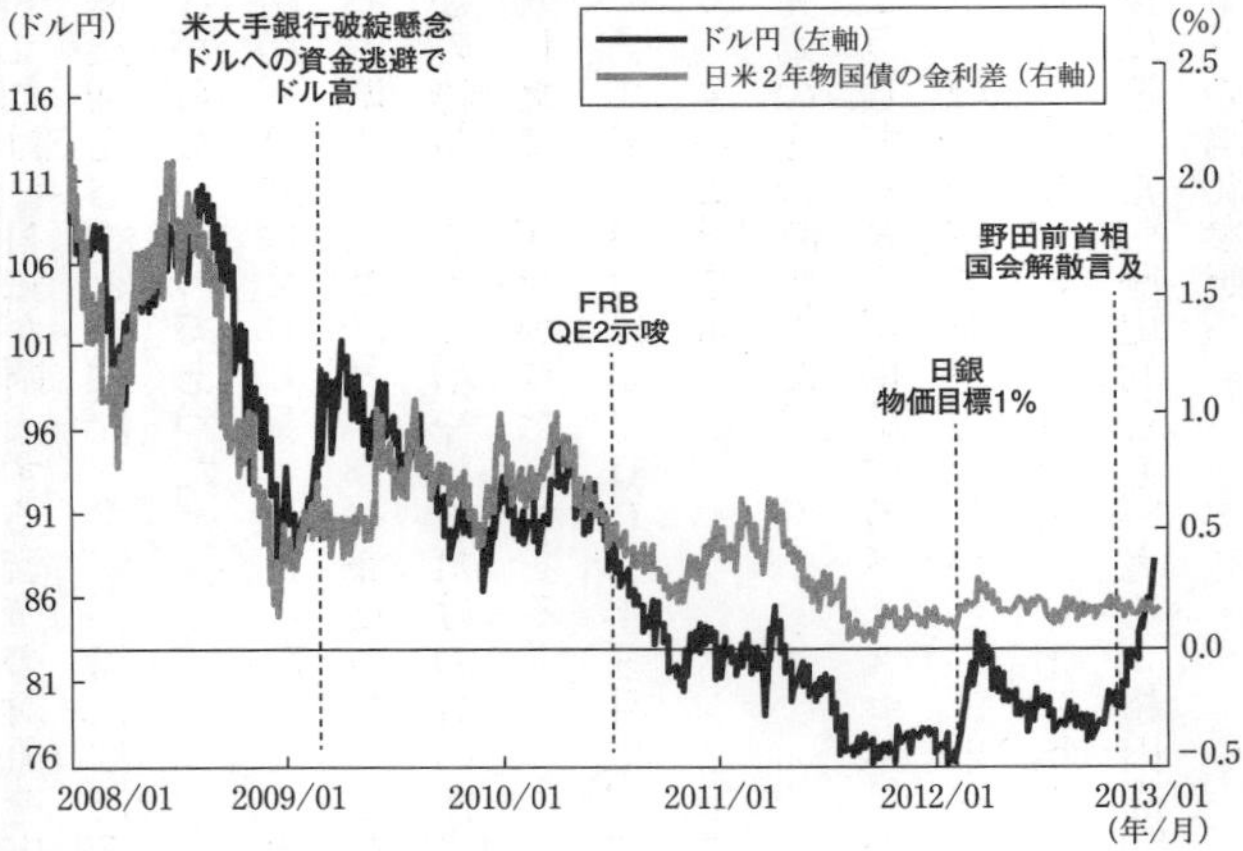

（出所）日本銀行、FRBより筆者作成

2年物国債の金利の動きとドル円相場の連動性

そして、この中央銀行による金融緩和政策の規模の差が、国債金利の市場にも大きく影響することになる。

以下、当時の日米2年物国債の金利の動きとドル円相場の連動性をたどりながら、金融市場の動きを見ていきたいと思う。2年物国債とは償還期限（＝元本が払い戻される期日）が2年先で、それまで金利収入が得られる国債のことである。

ここで、なぜ2年物国債の金利の動きとドル円相場の動きを見るのかについて述べておこう。

本書ではこれまで、「ドル円相場は日米ベースマネー比率の変動に連動している」という説明をしてきたが、実は2008年1月から2010年6月にかけてのドル円相場（≒日米予想インフレ率格差）は、日米ベースマネー比率の変動に連動するのではなく、日米2年物国債の金利差（アメリカ2年物国債の金利－日本2年物国債の金利）の変動に連動していたからである。

前ページの図32には、ドル円相場と日米2年物国債の金利差の推移が描かれている。2008年1月から2010年6月にかけて、日米2年物国債の金利差が縮小するたびに、ドル円相場は、ドン、ドン、ドン、と円高方向に推移していっていることがわかる。

なぜそうなったのか？　それを探るためにもまずは、2年物国債の金利はどういうぐあいに上下するのかに触れておこう。

たとえば投資家が「中央銀行のゼロ金利政策が向こう2年間は継続されるだろう」と予想している場合、2年物国債の金利も（理論上）ほぼゼロにまで低下することになる。それは2年物国債の金利が、中央銀行が短期金融市場の政策金利（≒コールレートやフェデラルファンドレート）を下げると同時に下落するものだからだ。

2008年9月から2009年1月までのドル円相場

ＦＲＢは2008年12月、金融緩和を行うために政策金利をほぼゼロにまで大きく低下させていた（＝ゼロ金利政策の導入）。一方、日銀には金利を下げる余地がほとんどなかった。この時、アメリカの2年物国債の金利は大きく下がるが、それに比べて日本の2年物国債の金利の低下は限定的になる。その結果、日米2年物国債の金利差が縮小する。この時、それに連動してドル円相場が円高方向に動いていたのは先述の通りである。

なぜこの時、本来ドル円相場の方向性を決めるはずの日米ベースマネー比率の変動よりも、日米2年物国債の金利差の縮小に連動するかたちでドル円相場（≒日米予想インフレ率格差）が動き出したのか？　そのメカニズムは、次の（1）～（3）のような流れになる。

（1）リーマン・ショックなどに起因する金融市場の混乱で、ＦＲＢが大規模な金融緩和策を行うという見通しが強まる。

（2）ＦＲＢの政策に市場の注目が集中したため、アメリカの2年物国債の金利が、日本の2年物国債の金利に比べて、より敏感に動くようになる。

（3）同時に、ＦＲＢの政策に対する思惑を日々反映する、日米2年物国債の金利差に為替市場の参加者の注目が集まる。

実際に、2008年9月までは1ドル＝100円台だったドル円相場は、2008年末までに1ドル＝90円を下回るまで円高が進行したのである。

一時円安水準に戻すも……

その後2009年2月後半になると、リーマン・ショックに起因した金融市場の危機が最大限に高まる。市場参加者の多くが、破綻はリーマン・ブラザーズだけにとどまらず、アメリカの他の大手金融機関にも波及すると予想していたからである。

そこで為替市場では、多くの投資家がとりあえず手元にある資金を、安全かつ流動性が高いアメリカ国債など、ドル建ての資産に移すという流れが起きた。通常国債は、国家財政が破綻しない限り元本は保証されているものなので、安全な資産とされている。

すると今度は、アメリカ国債を購入するために、円を売ってドルを買う人が多くなり、2009年2月、一時的に1ドル＝100円前後までのドル高・円安となったのだ。

ただ、この円安の動きは、長続きしなかった。前述の通り、この時は、日米金利差（＝日米2年物国債の金利差）の動きで、ドル円相場の水準がほぼ決まっていたからである。

そして、アメリカを中心に世界経済が正常化の道筋をたどると、２００９年3月から２０１０年6月にかけては、次の（Ⅰ）～（Ⅳ）の過程を経て、ドル円相場は日米金利差の動きとほぼ完全に連動するようになったのだ（１２６ページの図32参照）。


（Ⅰ）当時は、アメリカ経済の復調が早期に実現するとの予想が支配的で、いずれＦＲＢは政策金利の引き上げに踏み切るだろうと多くの投資家が予想していた。

（Ⅱ）一方の日本はデフレに陥っていたため、投資家の多くが「日銀が政策金利の引き上げを実施できるのはまだまだ先だろう」と考えていた。この結果、２００８年末以降の日本の2年物国債の金利はほとんど動かなくなった。

（Ⅲ）この（Ⅰ）と（Ⅱ）の結果、２００８年末以降、日米金利差の動きは、アメリカの2年物国債の金利の上昇・低下の動きによって一方的にもたらされるものになった。

（Ⅳ）そのため、投資家の意識は、アメリカの2年物国債の金利を動かすＦＲＢの利上げ・利下げに強烈に向いていた。それは同時に、投資家の意識が、日米金利差の動きに強烈に向いていたことも意味する。

こうして、２００９年３月から２０１０年６月までのドル円相場（＝日米予想インフレ率格差）は、日米金利差の動きにほぼ完全に沿うかたちで動くことになったのだ。

バーナンキの素早い動き

そんな中、２０１０年春先までは、銀行のさらなる破綻を防ぐ仕組みを作り、そしてＱＥ１が功を奏したこともあって、アメリカ経済は緩やかながらも回復の一途をたどっていた。しかし、住宅市場の回復に遅れが生じていたことから、同年の夏場にかけて、アメリカの雇用統計や企業景況感指数などの経済指標の改善が踊り場にさしかかった。当時こういった数字が悪化し始めるとは多くの人が思っていなかった。

その後、アメリカの消費者物価が１％を下回る動き（＝インフレ率が下がる「ディスインフレ局面」）を見せ、日本と同様にアメリカがデフレに陥る懸念が浮上してきたのだ。

そのため、市場関係者の予想が、「ＦＲＢはいつ利上げするだろうか？」というものから、「ＦＲＢはしばらく金融引き締め（利上げ）に転じないだろう」というものへと大きく変わったのである。

実際、大恐慌研究の権威であるバーナンキFRB議長は素早く動いた。2010年6月に入ると、「追加金融緩和の可能性を否定しない」という発言をするなど、さらなる金融緩和策を繰り出す姿勢を鮮明に打ち出したのだ。

果たして市場の予想の通り、同年11月、FRBが追加の金融緩和に打って出たため、アメリカの2年物国債の金利が低下した。これがQE1に続く、大規模量的緩和政策の第2弾＝QE2であった。

一方の日銀について市場の予想は、「アメリカのように追加の金融緩和に踏み出す可能性は低いだろう」というものが大勢を占めていた。というのも、日本はすでにデフレに陥っているのに、日銀はほとんど政策を変更しなかったからだ。

2009年10月以降、ゼロ金利政策に踏み出していた日本では2年物国債の金利は下限であったためほとんど動かず、アメリカのそれだけが低下した。結果、日米金利差は0・9％から、2009年初旬以来の水準である0・5％まで、0・4％縮小することになった。

こうして2010年4月から6月までの間は、ドル円相場も4％だけ円高方向に進んだのである。リーマン・ショック以降も、「概ね両者は連動する」という関係がまだ続いていたということである。

図33　米FRBバランスシート vs. 米国予想インフレ率

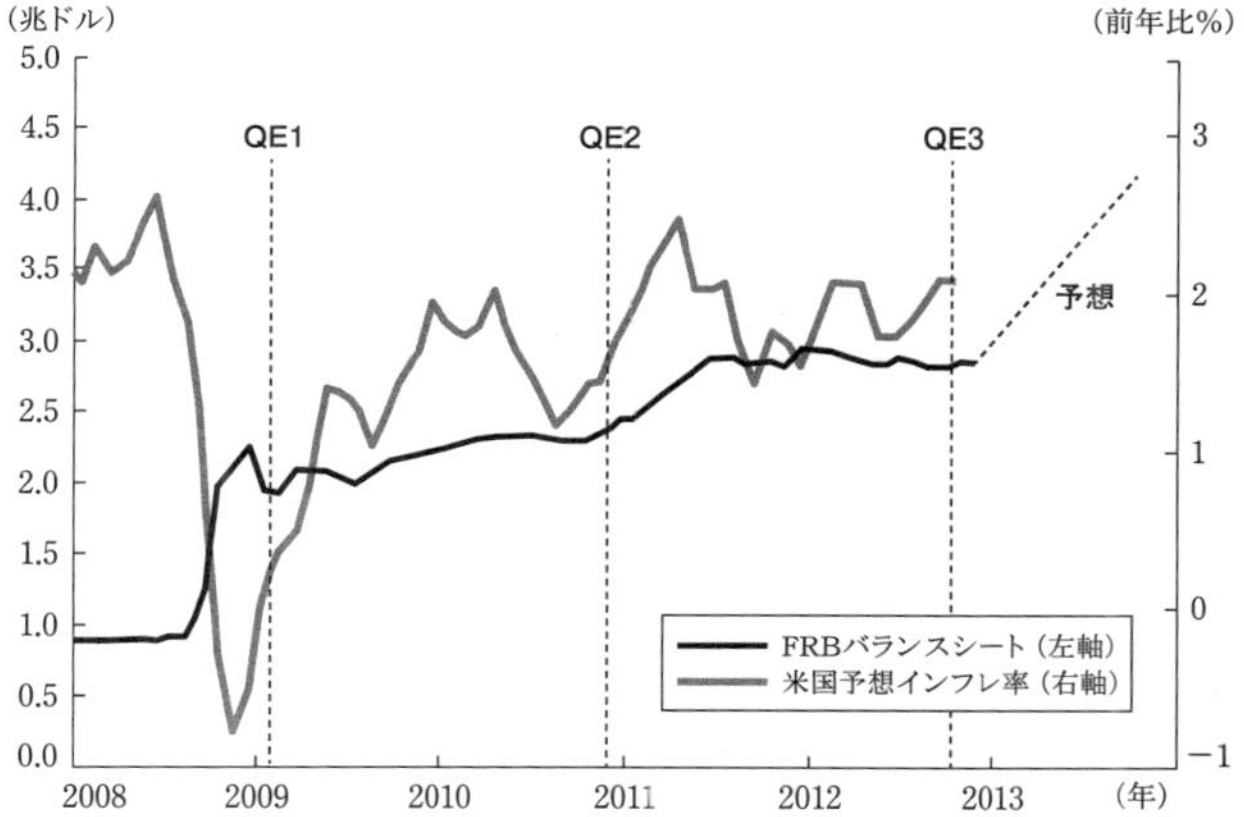

（出所）FRBより筆者作成

突如10％も円高が進んだ理由

そうはいいながら、少し時期が前後するが、２０１０年７月から２０１１年９月までの円高の動きは、実は、日米金利差の変動で説明できる範囲を超えていたのである（１２６ページの図32参照）。

具体的には、本来、約０・４％の日米金利差の縮小が生じた場合、それまでの１ドル＝90円から、１ドル＝87円までの進行に留まるはずだった。ところが２０１０年年末になって、突如１ドル＝80円を超えるかたちで約10％も円高が進んだのだ。

なぜ、そうなったのか？

それは、半年前の同年６月に、バーナンキ

ＦＲＢ議長が、前述のＱＥ２を近く発動することを仄《ほの》めかしていたからだ。その結果、前ページの図33の通り、２０１０年後半になって、アメリカの予想インフレ率低下に歯止めをかけることに成功したのだ。またグラフからは、同年11月に実際にＱＥ２が発動されて以降、アメリカの予想インフレ率がさらに上昇していることが見てとれる。

しかし一方の日銀はといえば、この期《ご》に及んでも、なお「ゼロ金利政策のみを粛々と続けるという姿勢」を示し続けていたのだ。結果、市場参加者の多くが「ああ、日銀はこれ以上、ＦＲＢのような規模で金融緩和を行うつもりはないんだな」と認識した。

こうしたＦＲＢと日銀の量的緩和へのスタンスの違いが明らかになった結果、何が起こったか？　物理的な日米金利差の変動の影響を受ける以上の大幅な円高が起きたのである。

この大幅な円高は、バーナンキがＱＥ２の発動を仄めかして以降、アメリカの予想インフレ率が下げ止まりから上昇に転じる一方、日本の予想インフレ率は横ばいだったことから、両者の差が急拡大した結果だったのである。

日銀の〝なんちゃって金融緩和〟

そして２０１１年夏場以降、１ドル＝70円台の円高が定着したのは、日米予想インフレ率

図34　ドル円相場と日本の政策対応（2010年3月～2012年5月）

（出所）日本銀行より筆者作成

格差が拡大することを、多くの投資家が強烈に確信したからである。

とはいえ、なぜこの時期、投資家がそこまで確信するに至ったのか？　それは、アメリカの予想インフレ率の低下に歯止めがかかって上昇に転じたのと同時に、「日銀の無策により、日本はデフレからいつまでも抜け出せない」（＝日銀は日本をデフレから脱出させる気がない）との憶測による日本の予想インフレ率の低下が、金融市場において完全に定着してしまったからである。

図34には、２０１０年３月以降のドル円相場の推移と、その間に日本政府が行った為替介入の時期と、日銀による金融緩和の時期と規模が書き込まれている（為替介入の説明は

137ページ以降のコラム1で詳述する)。

ここからわかることは、日本政府も日銀も、円高が進むたびに対症療法的に為替介入などを行っているにすぎなかったということである。

政府は形の上では円高を阻止すべくたびたび為替介入を試みていた。しかし日銀が脱デフレと脱円高に必要な規模の金融緩和策を一度も行わなかったために、「デフレと円高が止まらない」という市場の予想が蔓延《まんえん》し、結果的にその予想は現実になったのである。

このように、2010年半ば以降、民主党政権と日銀は、円高とデフレの進行に対して、妥当な対策を打ち出すことができなかったわけだ。その結果、2011年の夏場、1ドル=75円台という戦後最も高い水準の超円高が日本を襲うことになったのである。

本章では、バブル生成期からのドル円相場を振り返ったが、その間の変動には、ソロスチャート(=日米ベースマネー比率)だけではなく、日本の金融政策の姿勢による日米予想インフレ率格差の変化が重要な要因として関わっていたことがわかるだろう。これを理解できれば、2012年末から続く、ドル円相場における円安の要因も自ずと見えてくるのである。

【コラム１】為替介入とは？

為替介入と金融政策の関係

為替介入について日本で一番記憶に新しいのは、２０１０年９月から２０１１年10月にかけ、民主党政権下において４回にわたって行われた、円高にストップをかけるためのものである。しかし、ご記憶の方も多いだろうが、それらはまったくといっていいほど効果がなかった。

それがはっきりわかるのが、この４回にわたる為替介入と日銀の金融緩和の推移、そしてドル円相場の動きを示した、次ページの図35である。

これを見て、「為替介入なんて意味ないんでしょ？」とお思いになる方も多いことだろう。

だが、これを大規模に行い、強烈な成功を収めた国もある。それはスイスだ。スイスは２０１１年９月から「無制限の為替介入」を行った。その結果を表したものが、次ページの図36である。

図35　ドル円相場の推移（2010〜2012年）

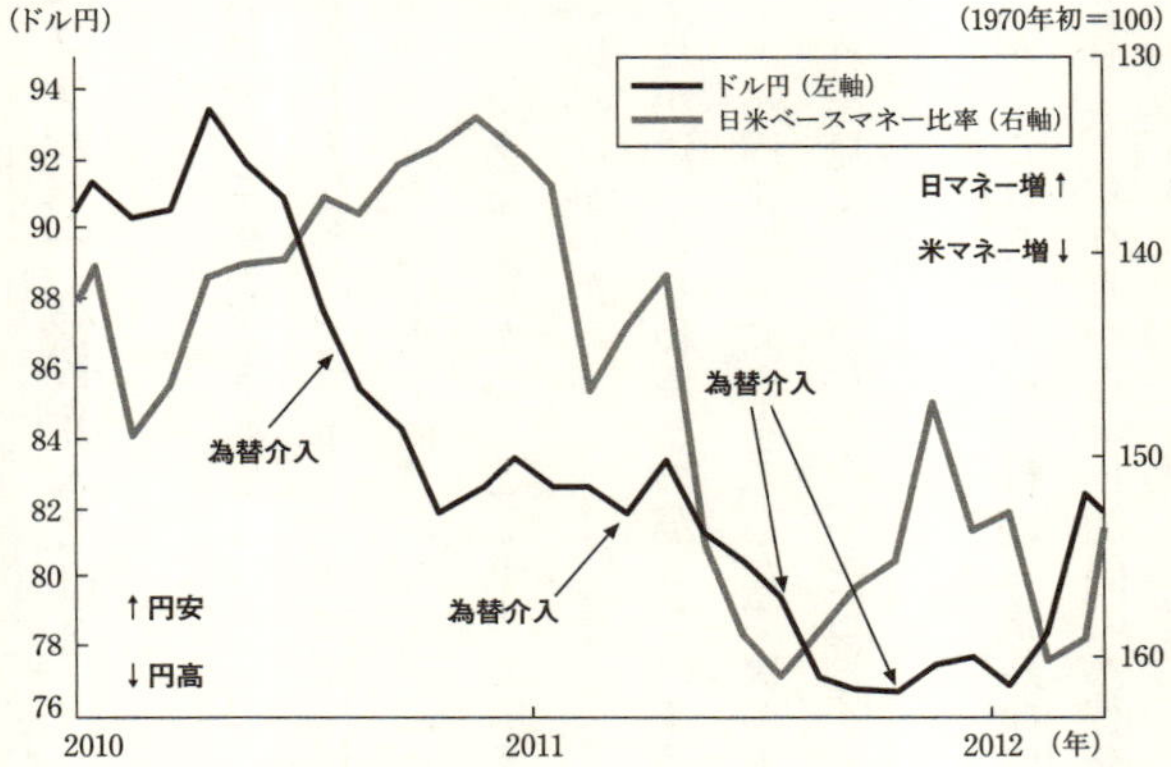

（出所）日本銀行、FRBより筆者作成

図36　スイスフランの推移

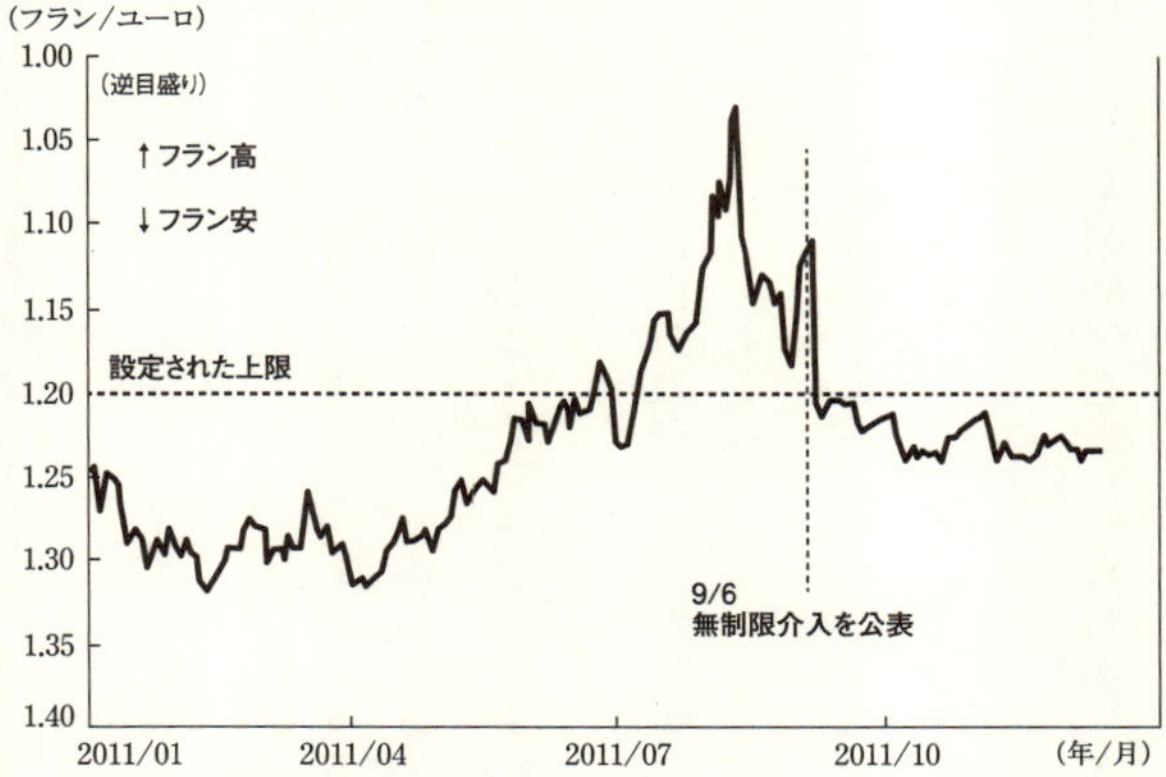

（出所）Bloomberg より筆者作成

ではなぜ、日本では「効果がない」とされている為替介入が、スイスでは効いたのか？　それは、両国の為替介入政策に、次のような明確な違いがあったからだ。

（1）スイスの場合、ただ無制限に為替介入を続けたわけはなく、為替介入と同時に、国内においてもスイス中銀が〝無制限に〟金融緩和政策を行った。

（2）一方、日本が2010年9月以降4回にわたって行った為替介入には、日銀による〝無制限の〟金融緩和は含まれていなかった。

つまり、各国政府による為替介入は、中央銀行による「金融緩和」の後押しがあってこそ、強烈に為替に効く政策なのである。

なぜ、そう言えるのか？　その理由を以下で検証してみよう。

①本来為替介入とは、自国に不利なレートで為替相場の変動が起こっている時に、その国の政府と中央銀行が協力しながら、文字通り外為市場に「直接介入」して、外為市場における資金の流れのトレンド（＝外為市場における売り買いの受給関係）を強

制的に変えようとする政策である。

②「直接介入」とは日本の場合、政府が財務省を通して日銀に指示を出すかたちで、外為市場において、自国通貨（＝円）を売り、他国通貨（＝ドル＝外貨）を〝直接〟購入すること（＝自国通貨売り・他国通貨買い介入）である。すなわち、「円売り・ドル買い型」の為替介入だ。

③政府・日銀による「円売り・ドル買い型」の為替介入は、外為市場においてそれまで続いていた「円買い・ドル売り」の方向を、「円売り・ドル買い」の方向に転換させようとするものである。

④だが、ここで注意すべきは、転換させることができるのは、〝介入をしている間に限って〟ということである。逆にいえば、政府・日銀の「円売り・ドル買い型の為替介入」が終わってしまえば、「円安・ドル高」の動きはストップしてしまうということになる。

⑤政府・日銀が介入を終えた後、「円安・ドル高」のトレンドが外為市場に生じ続けるかどうかは、投資家が「引き続き円安・ドル高が起こるような投資行動（＝円売り・ドル買いの投資行動）を続けてくれるかどうか」にかかってくる。

⑥それはつまり、投資家が「ちゃんと円安・ドル高のトレンドが続く」という予想を持ってくれるかどうかということである。

⑦それは、「介入後も日銀が、日米ベースマネー比率が低下するかたちの金融緩和政策に打って出る」ということを、投資家が信じてくれるかどうかにかかっている。

⑧結果、日米ベースマネー比率が低下する方向に動けば、外為市場において（政府・日銀の為替介入の規模を超えるかたちで）「円安・ドル高」の流れが生じるようになる。

⑨そうなればしめたもので、その後は多くの投資家が、安心して「円安・ドル高」の到来を予想しながら、外為市場において（円売り・ドル買い方向への）投資活動を活発に行うようになる。

ここに至ってはじめて、当初「円安・ドル高」の動き（＝行きすぎた円高の是正）への火付け役となった政府・日銀による「為替介入」が、本格的かつ継続的な「円安・ドル高」の流れを生み出せるようになるのだ。

これは逆に言えば、日銀によるその後の金融緩和の後押しがなければ、為替介入もボヤ程度に終わるということである。

なぜ日本の為替介入には効果がなかった（ように見えた）のか？

ここまでの話を踏まえると、「なぜ日本が２０１０年9月以降４回にわたって行った為替介入が効かなかった一方で、スイスの為替介入は効いたのか？」が明確に見えてくる。

つまり、当時の民主党政権は、「為替介入は、金融緩和の後押しがなければ効かない」ということを、ハッキリいって知らなかったのである。

もう一度１３８ページの図35を見てほしい。介入時にはピンポイントで相場の流れが変わっていることがわかるが、同時にいかに日銀が金融緩和を行っていなかったかということもわかるだろう。

為替介入の問題点

しかし、ここで筆者は「行きすぎた円高を是正するために、『為替介入＋日銀の金融緩和』のコンボを大々的に実施しよう！」と言いたいわけではない。

言いたいのは、「為替相場にとって、中央銀行の金融政策がいかに重要か」ということである。つまり、日銀が金融緩和をきちんと行いさえすれば、自ずと円安が起こるわけだから、「為替介入」は必ずしも円高是正のために必要ではないということだ。

というのも、そもそも為替介入には、次のような問題点があるからだ。

「為替介入」はその名の通り、一国の政府が「為替レートに直接的に介入して操作する方法」であるため、これを行うことについては他国の忌避感が強い。そのため、大規模な為替介入を行うと、アメリカなどから物言いが入る可能性がある。つまり、78ページで説明した円高シンドロームへの懸念などが浮上し、その持続性が政治的思惑に左右されることになりかねないのだ。

では、なぜスイス中央銀行は、金融緩和とともに為替介入を実施したのか？

それは一つに、スイス中銀が為替介入の権限を持っており、金融緩和の手段としてそれを自由に使える仕組みになっていることが挙げられる。つまり、為替介入の権限が財務省にある日米とは異なり、スイスの場合、為替介入は金融政策の一貫であるため、他国からの批判はそれほど大きくなかったのである。

スイス中銀は、「為替介入による自国通貨高是正」を最初のアンカーとして、実際にスイス・フラン安を最初に起こすことで、内外に向けて「スイス中銀は、本気で自国通貨高やデフレと闘います」というアピールをしたというわけだ。たしかに為替介入は、為替相場を転換させる際の火付け役にはなりえるので、スイス中銀は、それを狙って大規模な為替介入を行い、金融緩和政策を強化したというのが真相だったわけである。

いずれにしても、スイスで自国通貨高是正が起こったのには、何をおいても、（為替介入以上に）決定的に「スイス中銀が金融緩和政策を無制限に行っていた」ということの方が大切なのである。

第4章　日本流「ガラパゴス経済学」が景気を悪くした！

デフレと円高を長期化させる珍説

前章で見てきたように、過去の歴史をさかのぼれば、円安が起きているときには、日本では景気が良くなっていることが多い。逆に、円高に戻ると景気が悪くなっている。そのことが如実に確認できたのが、122ページの図30だった。

しかし、世の中にはこうした経済事象を理解しない人が、以下のような誤認を堂々とメディアで語っているから困りものである。

「円高とデフレは自然現象。むしろ円高とデフレで国民は豊かになっている。デフレや経済停滞が続くのは当たり前」

この手の話がいかに誤ったものであるかは、本書をここまでお読みいただいた読者にはすでにおわかりだろう。

日本の円高とデフレは、日銀による金融緩和が足りないことが最大の原因である。どこの国でも、インフレ・デフレという物価変動の調整は、通貨の発行権限（=貨幣を刷り、市場に送り出す権限）を唯一持っている中央銀行が責任を負っていることからも明らかだ。そもそも中央銀行が、最初の入り口の部分で金融引き締め政策を行ってマネーの総量を絞ったら、その先の出口たる市場（＝日本経済）全体に、十分にマネーが行き渡らず、その結果として不況が起きるということは、直感的にもあまりにも自明な話ではないだろうか？

ところが、これまで日本では、日本にデフレをもたらしているのは「人口が減少しているから」とか、あるいは「生産年齢人口（15〜65歳までの現役世代の人口）が減少しているから」とか、「中国からの輸入が増えているから」とか、「ユニクロやマクドナルドが〝価格破壊行動〟に出ているから」などといった根拠薄弱な説があまりにも横行しすぎてきた。

それらはすべて、日本にデフレをもたらしている要因とは明確にいえないのであるが、こういった論がなぜ誤りなのかは、筆者が２０１３年１月に上梓《じょうし》した『日本人はなぜ貧乏になったか？』（中経出版）の中で解説したので、そちらをご参照いただきたいと思う。

そして世の中は、こういった、もはやメジャーになったともいえる、誤った「デフレ原因論」以外にもさまざまな珍説であふれかえっている。しかも日本では、こうした誤った話の載った本が人気となっている場合も多く、見ていてあまりに歯がゆい。

そこでここからしばらくは、その代表例を批判的に検証していこうと思う。彼らに個人的な恨みがあるわけではないが、彼らが垂れ流す誤った説明によって、間接的に日本のデフレと円高が長期化してしまっている側面もあるからだ。また、未来ある若者から豊かな生活と希望を奪ってしまっているとも筆者は考えている。
だから、この章は少々舌鋒《ぜっぽう》鋭くなってしまう部分もあるかと思うが、ご容赦いただきたい。

「企業がどんどん海外に逃げる」とどうなるか?

テレビのニュースキャスターとして著名な辛坊治郎氏と、その兄で実業家の辛坊正記氏の共著に『日本経済の真実―ある日、この国は破産します』(2010年、幻冬舎)という本がある。その110ページには、次のような記述がある。

企業がどんどん海外に逃げている日本に仕事はありません。失業者が増え、給料が下がります。消費が減ってデフレが起こります。

つまり、日本のデフレは、(「例えばの話です」と前置きをしつつ)企業が海外に逃げていくことを起点にしていると言っているのだ。これは一見すると、近年の製造業の海外移転などの動きなどから、もっともらしい説明のようにも思える。

しかし、「企業がどんどん海外に逃げている」ということが何を意味するかを考えれば、この説明もいささか怪しくなってくる。

くわしく見ていこう。

本当に企業が国内から海外にどんどん流出すると、モノやサービスを提供（＝供給）する企業は少なくなる。その結果、われわれ日本人が市場から購入できるモノやサービスの供給量（＝総供給）は減ることになる。すると、総需要（＝消費と投資）より総供給の方が少なくなるという現象が生じる。

この時起きるのはインフレか？　デフレか？

辛坊兄弟は、「デフレが生じる」と書いている。本当にそうだろうか？

総需要量より総供給量が少なくなる時というのは、ひと言でいえば「モノ不足」が起こっている状態である。たとえば、第二次大戦時に国内の生産設備が破壊されたことで生じた「モノ不足」によって、戦後起こったことは何だったろうか？　それは高率のインフレである。

つまり「モノ不足」が起こると、物価が上昇するインフレが起こるのである。これは、

「日本の企業が海外に出て行く」→「デフレが起こっている」という辛坊兄弟の主張とはまったく正反対の結果だ。

原因と結果の取り違え

たしかに日本で起きている現象を見ると、企業が海外進出を続けることで雇用が失われ、それが国内消費などから構成される総需要を抑制している面もあるにはある（その影響は相当小さいのだが）。それによって、「総需要＜総供給となるのではないか？」と考える人もいるだろう。

ここで注意しなければいけないのは、現在の日本で（少しだけ始まっている）海外に企業が出て行くという現象が、そもそもなぜ起こっているか、ということである。その最大の理由、それは日本が長らく「円高」であったということだ。

円高が起きると、海外の労働者の賃金といった、企業にかかるさまざまなコストが相対的に下がる。これが、企業が海外に出て行く要因になる。また円高と同時にデフレが起こっていることで、日本国内の市場がシュリンクし続けている。このため投資意欲が旺盛な企業は、海外の市場に新たな活路を見出さざるをえなくなる。このことも、日本の企業が海外に出て行く要因となる。

では、この「**日本の企業が海外に出て行く要因**」となっている「円高」と「デフレ」は、辛坊兄弟が言うように「**企業がどんどん海外に逃げている**」ために起こっているのだろうか？　ここにきて、多くの方が「？？？」となったことだろう。

そう、辛坊兄弟は完全に原因と結果を取り違えてしまっているのだ。

結局、日本の企業が海外に出て行くのは、日本がデフレと円高に陥っているからで、その原因は、これまでしつこいほど述べてきた通り、「バブル崩壊以降、日銀の金融緩和政策の規模が、ＦＲＢのそれに比べて圧倒的に少なかったため」に起きているのである。つまり、日本企業の海外進出がデフレの原因になっているように見えるのは、日本のマクロ安定化政策（＝日銀の金融政策運営）が失敗している結果でしかないのだ。

ちなみに、この辛坊兄弟の説の亜種として、「世界がグローバル化する過程で日本はデフレに陥っている」などというのもあるが、こちらも明確に誤りである。

なぜなら、企業が海外進出を推し進めているのは、主要国において日本だけではないからだ。もしグローバリズムの進展によって日本がデフレに陥っているのであれば、日本以外の先進諸国も等しくデフレに陥っていなければいけないはずだ。しかし、戦後において、（Ｉ

MFによるデフレの定義では、2年以上続く）デフレに陥った国など、先進国中、日本だけなのである。そう考えれば、いかにグローバリズムの進展云々《うんぬん》という説が誤ったものであるかがわかるだろう。

このように、世の中で起きている経済現象の一部を切り取って「デフレの原因」とする類《たぐい》の議論が、「素人論者」によってメディアに氾濫《はんらん》している。まさにそれらが真実を歪《ゆが》め、人びとを惑わせてしまっているのだ。

幸せな不況!?

こうした「誤った経済議論」にはもう一つ流行《はや》りの形態がある。それは次のようなものである。

「日本経済は停滞するのが運命であり、もはや経済成長を目指すべきではない」

つまり、「日本はもう成長しなくていい」「成長をあきらめたほうがいい」といった類の説である。

その代表的なものが、２０１３年1月４日付の毎日新聞の社説である。これを例に、「日本経済停滞宿命論者」による病的な考え方を批判的に検討していきたいと思う。件《くだん》の社説から、それが表れた部分を抜粋してみよう。

１人当たり実質国内総生産（ＧＤＰ）成長率の平均値でみれば、日本は他の先進国にまったくひけをとらない実績をあげている。「停滞」といわれた時期にも生活レベルは改善し、失業率は低く抑えられてきた。

この方はこう仰っているが、過去20年の日本の１人当たりＧＤＰのパフォーマンスは、他の先進国に比べて極めて悪い（１２１ページの図29参照）。日本はもはや豊かな国ではなく、先進国の中でも貧しい国になっていることは明らかだ。そもそも議論の前提となる事実認識の部分から間違ってしまっている。

しかも、「失業率は低く抑えられてきた」と書いているが、これはどの世代の話だろうか。87ページの図15でもわかる通り、たとえば日本の若者（25〜29歳）の失業率は２０００年代以降７％前後の高い水準が続いており、14人に１人が職を見つけられない状態にある。これが日本でデフレが起きる以前、90年代前半までの若者の失業率は3％以下だったのだ。しかも、若者がようやく職を得られたとしても、正社員の職に就くのは難しく、若者の非正規率（非正規の雇用に就いている率）は実に26・2％という高水準である。そして彼らの賃金は低い水準のままに留め置かれてしまっているのだ。

あまりに事実誤認が過ぎるが、新聞の「顔」ともいうべき社説を、データを確認することなく勘や思い込みをもとに書いても、この新聞社は「全然オッケー」ということなのだろうか。

さらにこの社説は、次のように続く。

> 日本はすでに十分豊かになり失業率も低い。社会は調和がとれ落ち着いている。しかも、1人当たりGDPは伸びている。不況に見えるが幸せなのだ。このため、現状に安住することを選び、きつい改革を望まなくなっている。
> 今年私たちが問われているのは、この「幸せな不況」にどう向き合っていくか、である。これでずっとやっていけるなら「幸せな不況」も悪くない選択なのかもしれない。

「日本はすでに十分豊かになり」!?――この方は、社説の担当であることからして、おそらく論説委員の地位にあるのだろう。いかに新聞が売れなくなっているとはいえ、まだまだ大手新聞社の給料は他の企業に比べて高水準だろうし、いまなお終身雇用的な雇用体系、年功序列的な賃金体系が守られている。だから、この記者やそのお仲間は、たしかに「豊か」なのだろう。さらにいうなら、退職金も多くもらえるだろうし老後も安泰だろう。

「社会は調和がとれ落ち着いている」!?

「幸せな不況」!?

この方は、若年層の失業率が高まり、近年就職活動中の学生の自殺者数が過去最高を記録していることをご存じないのか？　電車にもあまりお乗りにならないから、線路内への飛び込みによって通勤電車がひんぱんに止まっていることをご存じない？　また、ブラック企業がはびこり、サービス残業を余儀《よぎ》なくされる人が増えるとともに、心を病む人の数も増え、失業しても次の転職先が見つからず、「過労死するほど仕事があるのに、自殺したいほど仕事がない」という状態に、現在の日本が陥っているということが、まったく目に入らないのかもしれない。

さらに次のように続く。

ガラパゴス経済学（略して「ガラ経」）

安倍晋三首相の答えは「強い経済を取り戻す」だ。そのためにはまずデフレからの脱却であり、公共事業の集中投資と日銀の金融緩和でそれは実現できると主張する。経済学者の多くは懐疑的である。むしろ国債市場の波乱をよびかねないと警戒している。私たちもそう思う。とりわけ、2%の物価上昇に達するまで、無制限に日銀に国債などを買い入れさせるという主張は危うい。

まずもってアベノミクスについて、「経済学者の多くが懐疑的」とする根拠はどこにあるのか？　世界的に経済学会を眺めれば、デフレからの脱却に、金融緩和と財政政策拡大のポリシーミックスを使うことを否定する経済学者はほとんどいない。「懐疑的」と考える経済学者が多いように見えるのは、日本の経済学者が特殊なだけである。

その証拠にアメリカの経済紙「ウォールストリートジャーナル」は、アメリカを中心としたエコノミストに対して、世界の5大中央銀行に関する調査を行い、2013年1月24日の日本版ウェブサイト上で次のように報告している。

「安倍氏の首相選出は日本経済にとっていいか、悪いか」との質問に対しては、15人（71％）がアベノミクスに賛意を示し、５人が「あまり変化はない」と回答、「非常に悪い」と回答したエコノミストはわずか１人だった。

また、アメリカのＩＭＧ（Initiative on Global Markets）というウェブサイトで、「日本のデフレに関する調査」を行い（２０１３年１月29日）、約40名の著名なエコノミストに対して次のような質問をしている。

１９９７年以降日本ではデフレーションがしぶとく続いているが、仮に日銀が実際とは異なる金融政策を採っていたとしたらデフレは避けえただろう。

——この主張に同意しますか？

これに対し、エコノミストたちから次のような回答が寄せられた（この数字は各専門家の回答への「自信度」によってウェイト付けされている。なお、ウェブサイトでこの数字は確認できる。

http://www.igmchicago.org/igm-economic-experts-panel/poll-results?SurveyID=SV_bvjcAG4fti8BdBj)

強く同意（Strongly Agree）43％
同意（Agree）36％
不同意（disagree）5％
何とも言えない（Uncertain）16％
これといってとくに意見なし（No Opinion）18％
未回答（Did Not Answer）10％

この中で「強く同意」と「同意」の数字を合計すると、実に79％が質問に対して賛意（Agree）を示していることになる。この記事は、世界のエコノミストの中でもプロフェッショナルの意見として、非常に信頼性の高いものと言えるだろう。

また、国際的な通貨体制や経済史の研究の第一人者でカリフォルニア大バークレー校のアイケングリーン教授は、２０１３年2月15日に掲載された日本経済新聞電子版へのインタビューで「アベノミクスは日本にとって妥当な解か」と問われ、次のように回答している。

本質はデフレの解消だ。（略）まずデフレが日本経済の中心的な問題なのは明白で、日銀による金融緩和策の強化は極めて妥当だ。デフレが続き実質金利が高止まりした結果、企業は投資を抑え、消費も振るわない。日銀が2％の物価上昇率の目標のもとで緩和策を進め、緩やかなインフレが実現すれば、こうした流れを断ち切り、状況を大きく改善できる。

「金融緩和を危険視する」などという人は、日本ではそれこそ星の数ほど存在するが、海外の経済学会の常識からすれば、極めて少数にすぎないのである。そもそも、金融財政政策が成功し続けてきた結果として、日本以外の他の国々が安定的な経済成長を続けてきたという事実を見ても、いかに日本の金融緩和についての考え方が誤っているか、わかってもよさそうなものなのだが……。

ガラケー（ガラパゴス携帯）は日本の市場のみに特化した携帯電話のことだが、同じく日本でのみ大きく発展した、「金融緩和を過度に恐怖視する」経済の見方を筆者は、今後「ガラパゴス経済学」（＝ガラ経）と呼んでいきたいと思う。

社説に話を戻すと、アベノミクスを受けて日銀が大規模な金融緩和を実施すると国債市場で波乱が起こるとのことだ。「国債市場で波乱が起こる」とはたとえば、国債が暴落し、長期金利が高騰するような事態を想定しているのだろう。

この記者はそう書いたからには、「なぜ、先んじて大規模な金融緩和を断行したアメリカで、国債市場にそういった波乱は一切起こっていないのか？」ということに対して説得的な論証をしなければならない。

しかし、それは間違いなく不可能だろう。すでに第3章の118ページで述べた通り、大規模な金融緩和を行えば、経済の状態が正常化するだけで、国債市場の混乱など起こりえないからだ。

こうした信じられないようなレベルの言説が、新聞の顔とも言える社説に載り、それを多くの人が読んでいることを考えると、日本に真っ当な経済学の考え方が根付かないのもむべなるかなという気もする。

金融アナリストによる「主婦感覚」にあふれた分析

先に17ページの図１で確認したように、円高とデフレが深刻化した日本では、物価の下落幅よりもサラリーマンの給与の下落幅の方が大きくなっているのが現状である。

しかし、「デフレになればモノの値段が安くなるから消費者の購買力が高まり、生活が豊かになっている」——日々の生活からくる実感をもとに、そう思う人は未《いま》だに多い。

経済分析にくわしくない一般の方であれば、それもやむをえないだろう。しかし、筆者が長年携わっている金融市場において、アナリストを名乗る専門家の中にも、同じような「主婦感覚」にもとづく経済分析を、正々堂々と語る人がいるから驚きである。

以下は、『強い日本の弱い円』（２０１１年、日経プレミアシリーズ）からの記述である。

デフレであれば多少それが続いたところで、個人にとっては購買力が高まるので、実は幸せなことである。（途中略）……歳をとっていくなかで昇給等によりそれなりに名目賃金は増える。デフレで物の価格が下がる中で、賃金はそれなりに増えているのであるから、実質的な購買力は結構上がっているのである。

この本の著者であるＪＰモルガン・チェース銀行の佐々木融《とおる》氏（債券為替調査部長）は、客観的なマクロのデータを無視し、自分の給料が増えているという主婦感覚のみでもって、「デフレでも賃金が増えている」という事実誤認を垂れ流してしまっているのかもしれない。だが、このような日本独特のガラパゴス経済学に基づいた、「専門家」の意見がまかりとおるということは、それに騙《だま》されている投資家が結構存在しているのだろう。しかし筆者が知るかぎり、「ガラ経」とは無縁の海外のプロの間では、「デフレでも経済が豊かになっている」などという意見は、相手にされることはない。

もしあなたが投資家なら、思い込みにとらわれずデータの客観的な解釈に努め、かつ「標準的な経済理論」を習得するだけで、少なくとも日本においてはプロの投資家と戦うこともできるのだ。

政治と中央銀行の不毛な対立

アベノミクスがもたらした市場の変化に、メディアなどはさまざまな伝え方をしている。

中には、アベノミクスによって「安倍バブルが起きるだけ」などと警鐘を鳴らしている意見も散見される。その代表例として、「日銀の敗北はバブルの始まり」と題する池田信夫氏による次の論説が挙げられる（２０１３年１月14日 池田信夫 blog part2 より）。

２％というインフレ率はバブル期の平均より高く、実現不可能だ。そんな目標を設定したら、日銀は永遠にゼロ金利を続けるはめになるだろう。その結果おこるのはフローの物価上昇ではなく、ニューズウィークにも書いた通り、80年代と同じような資産バブルである。

また、３月19日をもって日銀総裁の職を辞することを表明している白川方明《まさあき》氏自身が、１月22日の日銀政策決定会合の記者会見にて以下のように述べたという（２０１３年１月22日のロイター通信の記事より）。

物価上昇率が目標に届かない段階でバブルなど金融面の不均衡が顕在化した場合は、金融政策運営について「日銀が責任を持って判断する」と明言した。

ここで、アベノミクスで実現しようとしている、日銀による金融緩和強化、そしてプラス2%の物価目標の設定の意味するところを考えながら、右の2つの意見を検討してみよう。アベノミクスの骨子は、「物価が安定して2%前後で推移していても金融緩和を緩めないFRBの政策を、日銀は見習うべし」というものである。言い換えれば、物価安定の責任を持つ日銀は、他の中央銀行と同様にきちんと仕事をしろということだ。

こうした事実を踏まえるとまず、池田氏のいう「日銀の敗北」が事実誤認に当たる。今の日本経済における一番のボトルネックはデフレと円高の問題なのだから、妥当な物価目標を定めて金融緩和を強化するのは自然なことである。

なぜ先進国の多くで物価目標制が導入されているかといえば、それは中央銀行の独立性を高める有効な仕組みだからである。その仕組みがあれば、中央銀行はインフレ率が高まりすぎる時に、金融引き締めを行うことができる。そして、仮に政治が暴走して、日銀に過度のインフレを起こすことを要求し始めても、中央銀行が設定したインフレ率という明確な判断基準に沿って、国民は中央銀行を支援することができるのだ。日本にはそうした基本的な仕組みが整っていないことがそもそもの問題なのだ。

本来ならば、日銀がしっかりと金融緩和を行い、２〜４％程度の緩やかなインフレ方向に物価を安定させていれば、「政治vs中央銀行」という不毛な対立の構図は生まれなかったはずだ。そもそも、これまで、日銀にまかせておいたばかりに、過去20年の間にどんなことになったか？　そうした事実について、池田氏のような「識者」はどうお考えになっているのだろうか。

決して割高にあるとは言えないアメリカ株

そして、日銀がＦＲＢなどと同じ政策を実行したら、本当にバブルが起きるのだろうか？

もしそうであるなら、日銀に先行して大胆な金融緩和を実施してきたアメリカやドイツなどで、「バブルの予兆」が見られるはずである。金融市場に携わっている筆者だが、アメリカやドイツにおいて株式や不動産市場でバブルを心配する意見は寡聞にして知らない。

たとえば、アメリカのダウ平均株価は、２０１３年１月中旬には１万４０００ドルに迫る勢いで、２００７年12月以来の水準まで上昇している（次ページの図37参照）。これは、リーマン・ショックが起きる前の水準まで戻っているということだ。

図37　米国株価の推移

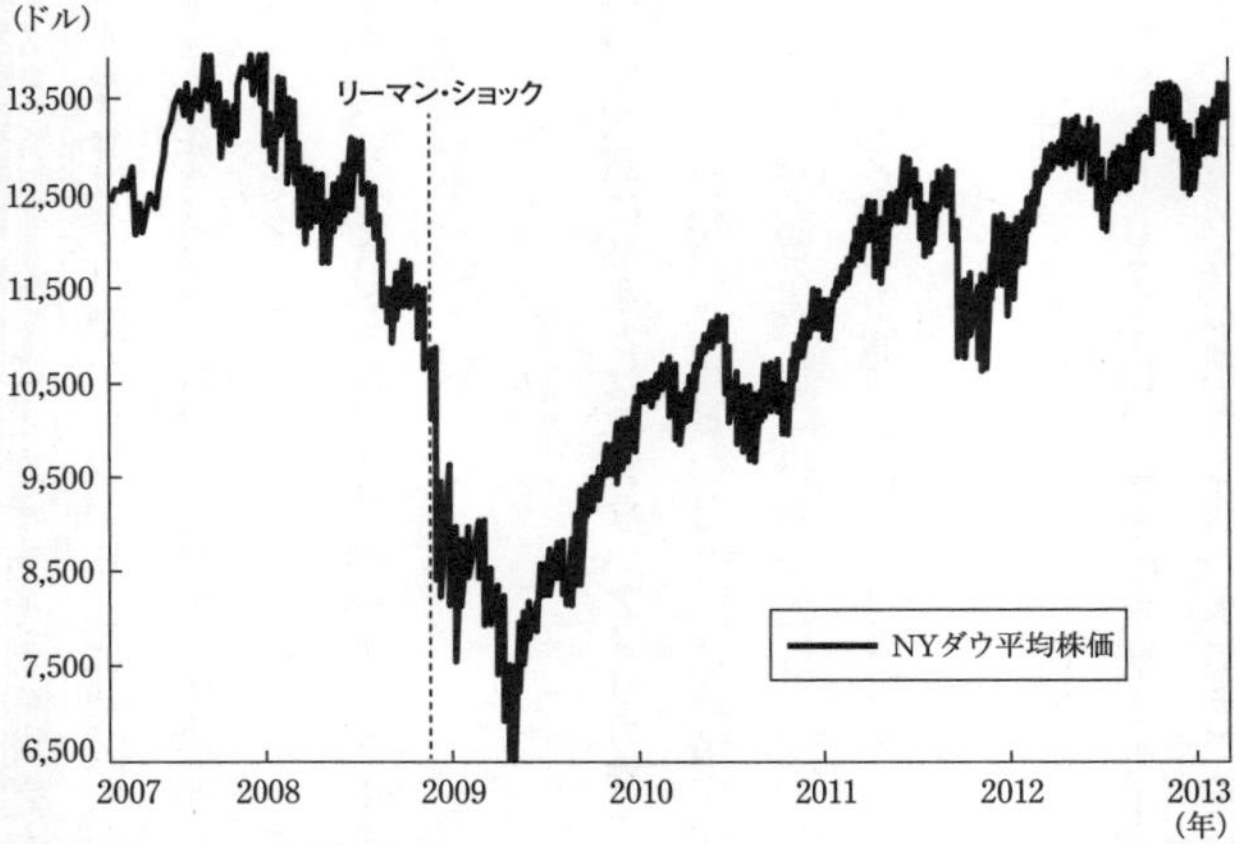

(出所) Bloomberg より筆者作成

アベノミクスによる金融緩和の強化が心配な池田氏は、このアメリカ株の動きも、当然バブルと認識しているのだろうか？　もしそうであれば、アメリカの投資家に向けて、「今のアメリカ株市場がバブルである」という論説でも書かれてみたらどうだろうか？

また、アメリカでバブルなどという状況が起こっていないかを確認するためには、リーマン・ショック前のアメリカの株価と現在のアメリカの株価を比べてみるという方法の他にも、たとえば、株価の水準を評価する指標である「予想PER」の推移を眺めてみるという方法などがある。しかし本書は、「バブルの問題」についてくわしく論じる本ではないため、その分析の詳細は割愛させていただければと思う。興味がある方は、「シノドスジャーナル」というWEBサイトの記事に、筆者が「アベノミクスでバブルが起きるは本当か?・」というタイトルでくわしい論考を掲載しているので、そちらを参照していただければと思う。

「アベノミクスでバブルが起きるは本当か?・」（シノドスジャーナル、1月31日）

http://synodos.livedoor.biz/archives/2021651.html

マーケットを知らない妄言

こうしたアメリカ市場で起きていることを、日本株の現状に当てはめればどういうことがいえるだろうか。世界の株式市場を引っ張ってきたアメリカ株市場ですら、「バブルが起こっている」などとは言えないわけだから、アメリカよりも株価の伸び率が低い日本においても、ほぼ同様の議論が当てはまる。

２０１３年2月初旬現在の日経平均株価は、１万１０００円台を上回っており、アベノミクス相場が始まる直前の２０１２年11月半ばの９０００円前後から3割前後上昇していることになる。この動きと、米ダウ平均株価とを比較したのが、次ページの図38だ。

図38　日米株価の推移

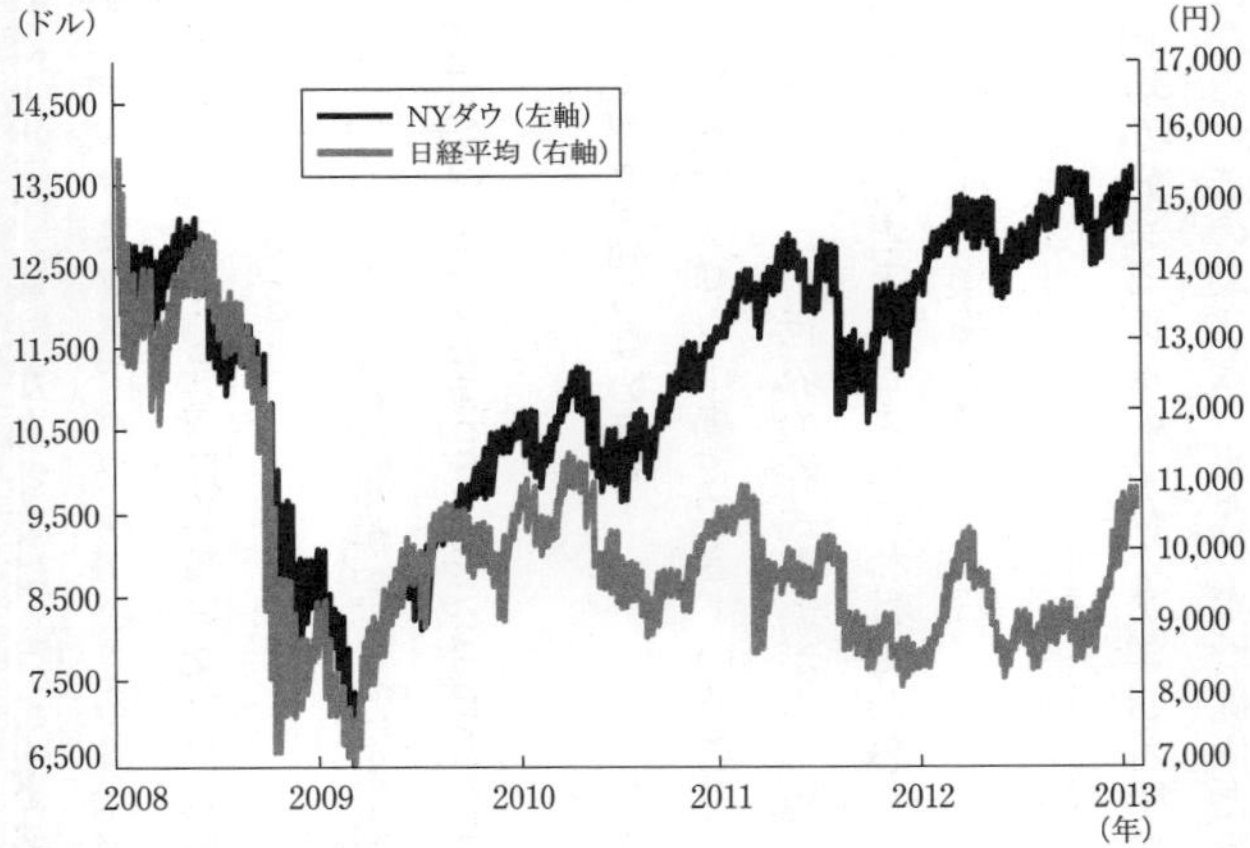

（出所）Bloombergより筆者作成

日本株は、リーマン・ショック後の最高値である２０１０年４月の水準にようやく達したような状況である。日本で２００９年９月から２０１２年11月までの過去３年間にわたって続いた経済の大失政が終わり、米欧のように経済が正常化する過程にあるならば、２０１０年４月の高値などは通過点にすぎないのだ。

そもそも、米欧の株価がリーマン・ショック前の水準を取り戻しているのに比べれば、日本の株価は「格段に出遅れている」状況には変わりはない。しかも、アベノミクス相場以降に起きた20〜30％前後の株価上昇は、２００９年以降、年に１回くらいは起こるふつうの出来事である。

百歩譲って「バブル」と騒ぐにしても、それはまだまだ先というのが、金融市場に携わる者の常識であろう。この程度の株高で「安倍バブル」などと騒ぎ立てるのは、「マーケットを知らない妄言《もうげん》」であると言われても仕方がない話である。

日本では、あまりにも長年にわたって、根拠の乏しい議論がされすぎてきてしまったのだ。

円安になるとハイパーインフレになる？

また「円安になると物価高が止まらなくなり、ハーパーインフレーションになる」という懸念を抱く人もいる。ただし、そういう人は往々にしてハイパーインフレーションとは何かということを実はよく理解していない。

コロンビア大学の経済学者フィリップ・ケーガンの定義によると、ハイパーインフレーションは「ある国の物価が、年率で１万３０００％以上急激に上昇するような状態」のことをいう。年率１万３０００％のインフレとは、物価がひと月で１・５倍にまで上がるということである。筆者がよく行く東京・麹町の中華料理店「登龍」の１杯１０００円の担々麺が、翌月に１５００円に値上げされるようなもので、そうなれば筆者にとっては由々《ゆゆ》しき事態である（繰り返しになるが、麹町に筆者の勤めている証券会社がある）。

円安になると、ほんとうにハイパーインフレが起きるのか?

ここで次ページの図39を見て欲しい。このグラフは、ドル円相場の推移と、日本の物価の動きを示すコアコアCPI(生鮮食料品と石油関連価格の動きを除いた消費者物価指数)の推移を表したものである。これを見れば、過去何度か起きた円安局面において、ハイパーインフレどころか、80年代以降は年率5%程度のインフレも起きた事実はないことがおわかりいただけるであろう。

1970年代の高率のインフレはなぜ起きたか?

現在40代後半以上の日本人の中には、70年代半ばに起きた急激なインフレが記憶に焼き付いている人も多いだろう。実際74年には、消費者物価が年間で20%以上も上昇した。ハイパーインフレーションとまでは言えないものの、こうした大幅な物価の上昇が、国民に大きな負担を強《し》いることは間違いない。

73年から74年にかけてドル円相場は、1ドル=270円から1ドル=300円台まで10%程度円安が起きた。しかし、この程度の円安は過去に何度か起きているので、それがこの時起きた高いインフレ率の主たる要因とはいえない。

図39　消費者物価コアコア vs. ドル円

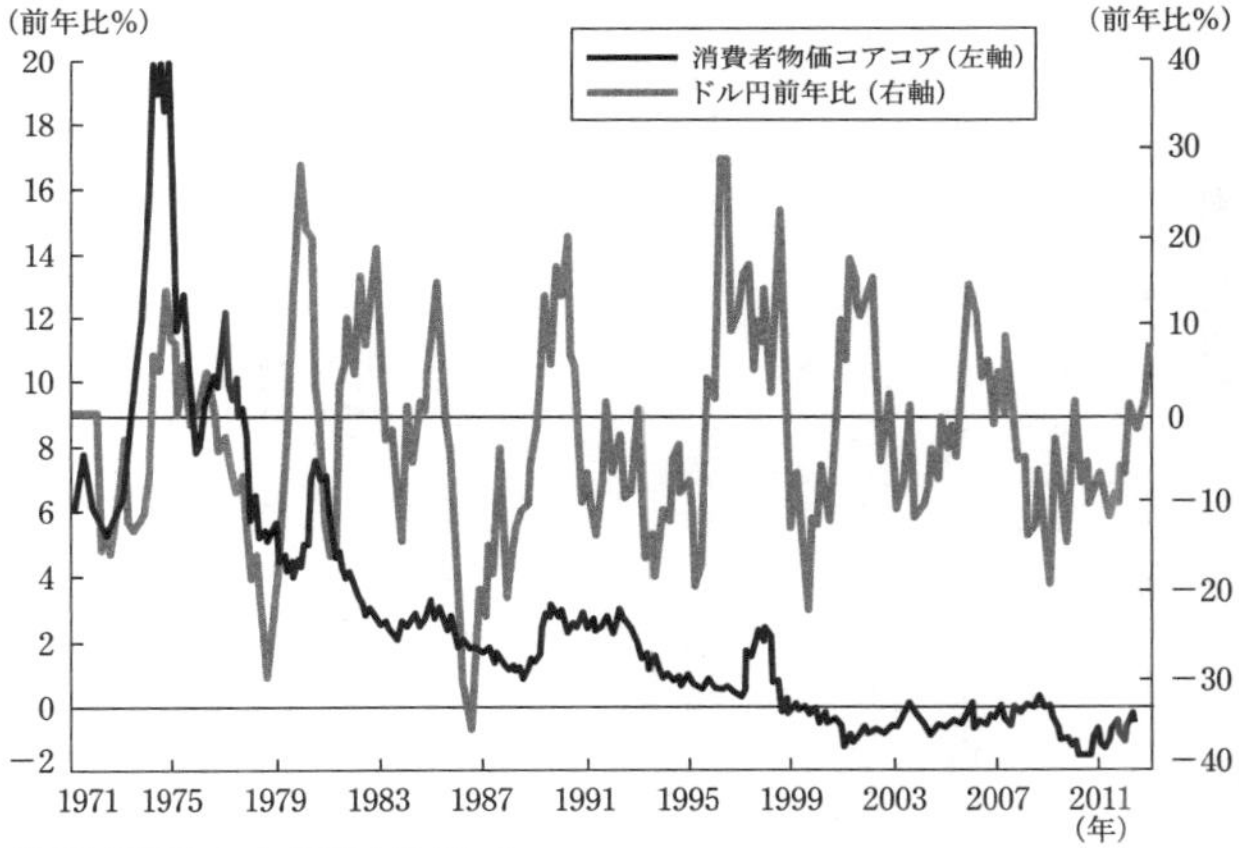

（出所）総務省、日本銀行より筆者作成

直接的な要因は、中東情勢の混乱によって原油の生産がストップしたことである。

当時、多くの先進国が、原油の輸入を中東に頼っていた。そんな中で原油が手に入らないとなれば、製造工程で原油を使用するトイレットペーパーなどの化学製品が生産できなくなる。また、食料や日用品の製造・輸送過程においても、原油が大きく関わっているので、それらの供給量も減る。

われわれが日々生活をしていく上で、食料や日用品などは欠かせないものだ。しかし、これらの恒常的な需要量に対して、企業の供給量が圧倒的に小さくなってしまったためモノ不足が起き、物価全般が大きく上昇したのである。

また、当時は日本やアメリカにおいて、金融緩和策と拡張的な財政政策が行われており、それが物価を必要以上に加熱させる状況であったことも影響したと考えられる。

しかし、当時と現在の経済状況はあまりに異なる。

日本では長期にわたりデフレが続いている。これは、企業が供給するモノやサービスの総量（＝総供給）に対して、総需要（＝消費や投資）がずっと追いついていないという状況だ。すなわち、総需要が総供給を下回り続けていることで、需給ギャップ（＝総需要と総供給の乖離幅）が相当広がっているのである。

アメリカの大幅なドル安局面で何が起きたか？

この需給ギャップが広がっている状況は、現在のアメリカでも同様である。

アメリカはリーマン・ショック以降、先進国の中でもっとも景気回復に成功した国である。しかし、リーマン・ショックによる実質GDPの落ち込みが余りに大きかったため、それをようやく取り戻しつつあるという状況にあるともいえる。過去の潜在成長率（＝成長率のトレンド）との比較で見れば、過去のラインに追いつくには、まだ時間を要する状況である（次ページの図40参照）。

図40　米国の実質GDP

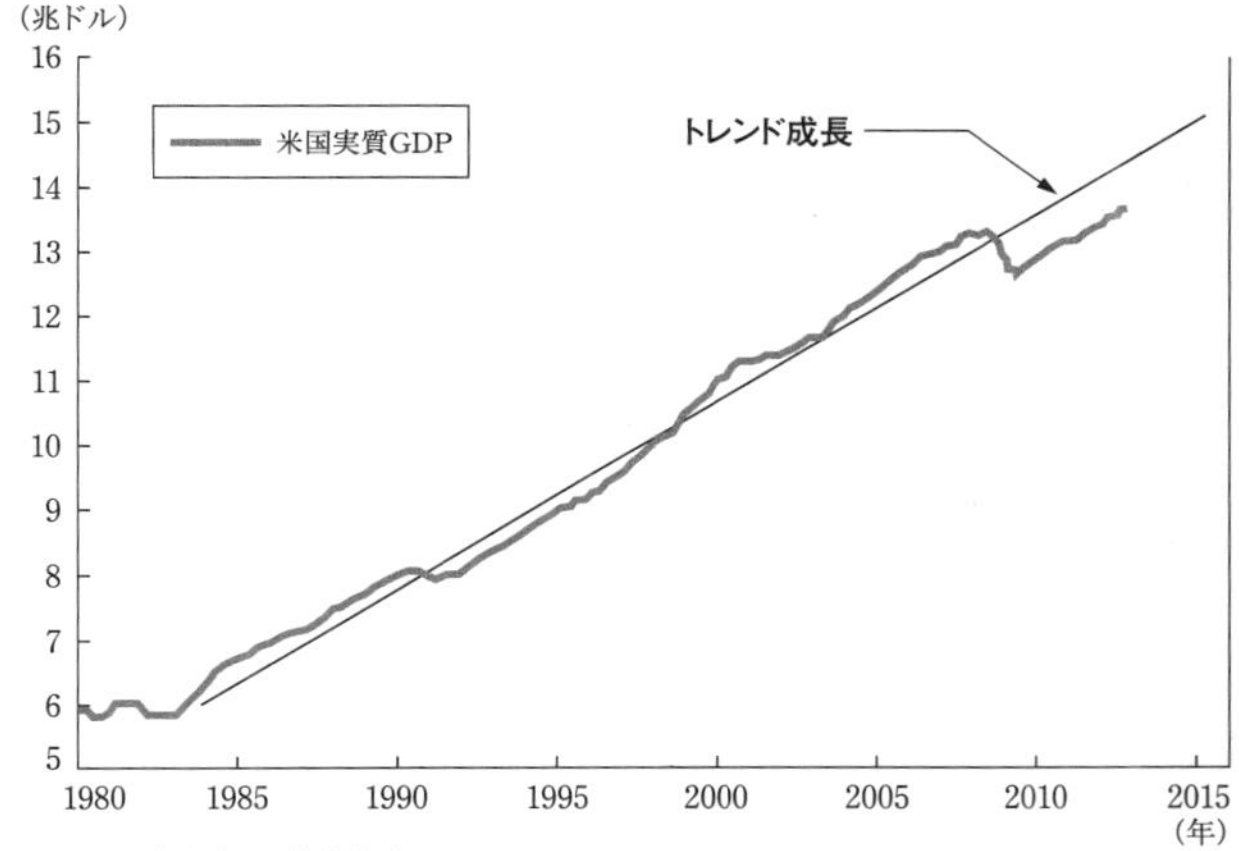

（出所）米商務省より筆者作成

そこでアメリカでは、リーマン・ショック後、ＦＲＢが経済の回復を目指して金融緩和政策を実施した。その結果、大幅なドル安が起きた。

この時アメリカでは、高率なインフレ、あるいはハイパーインフレといったような状況がもたらされただろうか？

答えは否である。

それがわかるのが、次ページの図41だ。このグラフには、リーマン・ショック後の実効レートの推移とアメリカのインフレ率（＝消費者物価の上昇率）の推移が描かれている。実効レートとは、この場合、通貨ドルがユーロや円など他の通貨に対してどう変動しているかを示す数値である。通常のドル円相場で

図41　米国インフレ率 vs. ドル実効レート

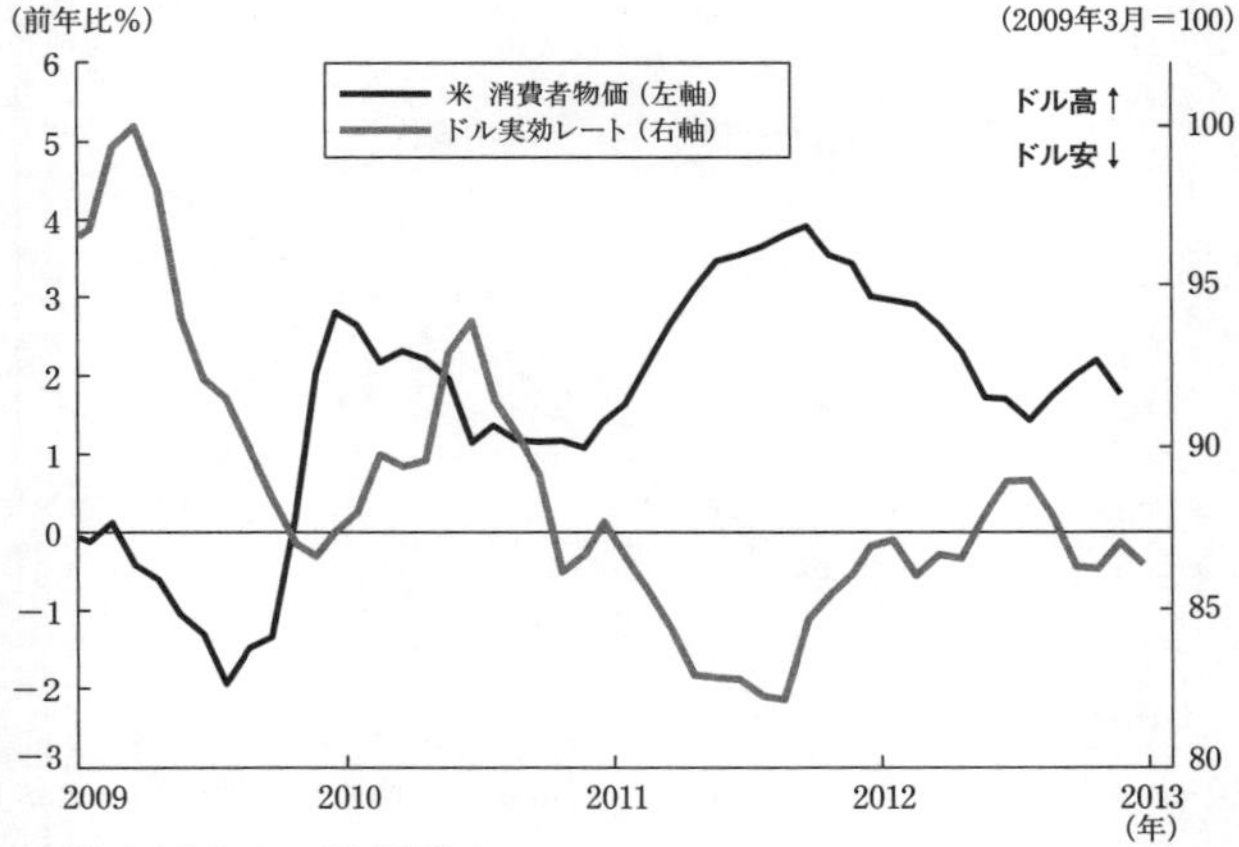

（出所）米商務省、BISより筆者作成

はなく実効レートで見る理由は、アメリカは日本以外の国とも貿易しているため、通貨ドルの値をより正確に把握できるからだ。

この図を見れば、２００９年３月から２０１１年８月までの２年５か月の間に、約20％ものドル安が生じていることがわかる。だがこの時ハイパーインフレが起こるどころか、インフレ率は年率２％という低位の水準を保っていたという事実が見てとれるであろう。

それでもまだ「日銀の大規模な金融緩和によって円安が起こると、ハイパーインフレが起こる」などと主張する論者がいるとすれば、「ではなぜ（そもそも少しだけインフレの状態ですらあった）アメリカでは、大規模な金融緩和を行ってドル安局面が訪れてなお、ハイパーインフレは起こらず、緩やかで安定的なインフレしか起こっていないのか？」について、誰もが納得できる説明をしなければならないだろう。

このように、日米の過去のデータを突き合わせれば、仮に日本で95年から約３年半続いたような50％程度の円安が起きても（この時、「１ドル＝70円台」の状態から「１ドル＝１５０円」程度にまで円安が進んだ）、それがハイパーインフレ、あるいは正常な経済活動を阻害するほどの高いインフレ率をもたらす可能性は極めて低いということが明確に理解できるのである。

円安は国益を損ねる？

かつて筆者は、あるキャリア官僚と日本経済について議論したことがある。その時、彼の口から出てきた次の言葉が、今でも忘れられない。

「自国通貨の価値を低くするような政策は、国益を損なうので政治的にはできない」

このキャリア官僚は、円安を起こす政策を、「自国通貨の価値を低くするような政策」と言っているのである。筆者はこの時、経済理論をまともに習得していないキャリア官僚が、国の重要な仕事に携わっていることに非常に驚いたのを鮮明に覚えている。ちなみに、彼は他の多くのキャリア官僚と同様に東大法学部を出ている（そして、現在は国会議員になっている）。

実は彼の考えは、彼のオリジナルではない。「円安は国益を損ねる」「通貨高は日本の国益」などとするガラパゴス経済学は、これから紹介する人物によって広く日本中に広められたといっても過言ではないだろう。

その人物とは、第28代日銀総裁、速水優《まさる》氏その人である。

速水氏は、日銀総裁になる3年前の95年12月に『円が尊敬される日』（東洋経済新報社）という本を著し、その中で「日本で円高を起こすべき」と主張した。そして日銀総裁になって実際に円高を引き起こした後、総裁の職を終えた2年後の2005年2月に、「いかに自分が起こした円高政策が正しかったか?」を振り返る、『強い円 強い経済』（東洋経済新報社）という本を著しているのである。

そんな誤った為替観を信念にしていたような人物が、日銀総裁の職に就いていたのだから、円高が顕著に進行し、その結果として日本経済がボロボロになってしまったことは、ある意味避けられないことだったといえるのかもしれない。

さらに速水氏は、『中央銀行の独立性と金融政策』（２００４年、東洋経済新報社）という本の２５０ページで、次のように述べている。

構造改革は、日本経済の成長や生産性の向上を阻害してきた原因にメスを入れ、民需を活性化させようとするものです。こうした構造改革は、国民が選択した道であるとともに、中長期的には、日本経済が持続的な成長軌道への復帰を果たしていくためにも必要不可欠です。しかし、構造改革や財政再建を進めていく過程で、一時的に成長率の低下が避けられないとすれば、その間は、物価に下落圧力がかかり続けることも避けられません。単に物価を上げることが目的であれば、財政支出を大幅に拡大させて短期的にモノやサービスの需給を逼迫させるという方法が考えられますが、それが構造改革の理念と整合的ではないことは明らかです。結局、構造改革の「痛み」を和らげる正攻法は、逆説的な言い方ではありますが、改革を着実に進めること、同時にその方針について経済主体や市場の信任を得ることではないかと思います。

この中で、「単に物価を上げることが目的であれば、財政支出を大幅に拡大させて短期的にモノやサービスの需給を逼迫させるという方法が考えられます」という部分は、物価変動の調整の責任が日銀（の金融政策）にはないとでも言いたげな口ぶりである。

いや、それよりも問題なのは、「単に物価を上げることが……それが構造改革の理念と整合的ではないことは明らかです」という部分にこそある。

なぜなら、「単に物価を上げることが……それが構造改革の理念と整合的ではないことは明らかです」とは、「物価を上げると景気が回復してしまうため、せっかく日本で盛り上がってきている構造改革の気運を挫《くじ》くことになる」といっているのと同じことだからだ。そしてこの文章の結論として、「だから景気を回復させるための金融緩和政策を（自分が総裁の時代に）行わなかったのは正しかったのだ」ということを暗にいっているのである……。

結論を先取りすれば、速水氏は、日本経済の回復に本来必要だった金融緩和策を自らが総裁を務めていた時代に封じ込み、そして「構造改革を推進するために」という誤った政策目標を遂行するために、わざと景気の回復を遅らせる「引き締め気味の金融政策運営」を行っていたのだということを（臆面《おくめん》もなく）告白しているのである。

つまり速水氏は、「円高は日本の国益」としながら、同時に「不況とデフレは日本にとって必要悪」だという確固たる信念を持って、日本の金融政策を一手に引き受けていたのである。

バブル崩壊後の日本を襲った円高とデフレは、こういった人物の意思により、明確に「推進」されてしまっていたということなのだ。

誰がこのような人物を日銀総裁の席に据えたのか

そして速水氏の後、日銀総裁に就いた福井俊彦氏も、「日銀の金融政策でデフレを解消するのは難しい」という考えを持った人物であった。

さらに、福井氏の次の日銀総裁である白川方明氏も、日銀の金融政策担当理事だった頃の２００３年秋に次のような発言をしている。

「総裁（当時福井総裁）、私は量的緩和を拡大すべきではないと思います。効果が見込めません」（２００３年秋、金融政策担当理事時代の発言、The Asahi Shimbun Globe ２０１２年12月25日）

そして総裁の職に就いて以降も、次のような発言を繰り返している。

「需要自体が不足している時には、流動性を供給するだけでは物価は上がってこない」（2009年11月20日、記者会見での発言）

「膨大な通貨供給の帰結は、歴史の教えにしたがえば制御不能なインフレです」（2012年4月21日、ワシントンにおけるパネルディスカッションでの発言）

「物価も賃金も上がらない状況が長く続いた日本経済では、（インフレ目標は）現実的でない」（2012年11月12日、都内講演での発言）

最後の2つは、リーマン・ショック後に、先述のアメリカによるQE1〜QE3の効果を知・っ・た・上・での発言なのである。

白川氏は総裁をお辞めになるが、筆者は白川氏にも、「なぜアメリカで制御不能なインフレが起こっていないのですか？」「アメリカでは見事に成功したのに、なぜ日本でだけ金融緩和政策が効かないといえるのですか?」という質問を、機会があれば是非してみたいと思う。

かくして、バブル崩壊以降に、わが国の日銀総裁の職にあった3人の人物を見ると、最初の速水氏が「円高はいいこと」「不況は日本にとって必要悪」という信念を持っており、続く福井、白川の両氏は「日銀の金融政策では物価を動かしえない」「日銀が大規模な金融緩和を行えば大変なことが起こる」と考えている。まさに彼らは自らの意思で「大規模な金融緩和政策の発動を拒んできた人たち」だったというわけだ。

なんと恐ろしいことだろう。誰がこのような人物を日銀総裁の席に据《す》えたのか。本書で再三説明してきた、日本経済を蝕《むしば》む「円高」と「デフレ」は、こういった歴代の日銀総裁が意図的に起こしてきたものという意味で、まさに必然ともいえる帰結だったのだ。

第3章で、その時々のドル円相場の動きを細かく分析してきた上で、改めて彼らの発言を見返してみると、徒労感を感じざるをえないのである。

「日本でなぜ、行きすぎた円高とデフレが続いたのか?」——答えはあまりにも簡単である。それは金融政策の舵取りを一手に引き受けている日銀の歴代総裁が、円高とデフレを望み、そうなるよう引き締め気味に金融政策を運営し続けてきたからだったのだ……。

【コラム2】なぜ日銀は仕事をしなかったのか?

日銀の首脳陣は国民の〝放蕩息子〟

176ページ以降で取り上げた、過去の日銀総裁の言動を振り返ってみると、「なぜ日銀があそこまで金融緩和を拒み続けることができたのか?」「なぜ日銀は仕事をしなかったのか?」ということは、次のようなたとえ話にすることができるだろう。

日銀は、親会社(=政府)の子会社的存在である。しかし、子会社の社長(=日銀の首脳陣)は、親会社の会長(=有権者である国民)が子会社の経営(=金融政策)に疎《うと》いことや、親会社からの経営の「独立性」を保証されていることを逆手にとって、日本経済が傾こうがどうなろうがおかまいなしに、好き放題やらかしたあげく、日本を長期にわたる不景気に陥れた。その意味で、日銀の首脳陣は親会社の会長にとって、(親会社の会長が息子に子会社を任せているとすれば)仕事をまったくしない放蕩《ほうとう》息子のような存在だったのである。

しかも、放蕩息子の放漫経営に対し、子会社の監査役たるマスコミは何をしていたかと言えば、放蕩息子に籠絡《ろうらく》されている（＝日銀はマスコミに対して「ちゃんと金融緩和している」というアピールを言葉巧みに行っていた）から、彼の言葉を信じ、ヨイショばかりして、こちらも本当に無能でダメな存在に終始していたわけである。監査役がこの体《てい》たらくでは、報道を通してその報告を聞かされる親会社の会長は、子会社の放漫経営の実態を知りようがない。そして、その結果、長らく「息子はよくやっている」と思い込まされてきたのである。

では、なぜその放蕩息子は、日本の景気を荒れるに任せていたかといえば、業績（＝景気）が悪化している理由を自社のせいではないと思い込んでいたばかりか、親会社の支援（＝政府による適切な財政政策や成長戦略）がないからだとか、親会社がリストラをやらない（＝構造改革を進めない）からと思い込んでいたフシがある。

また放蕩息子がデフレを放置し続けたのは、先進国の間でデフレが起こったのは戦後初だったため、自らの対応能力を完全に超えるほどの困難な事態のように思えたからだ。そんな状況の中で、リフレ派の学者やマスコミ人が「業績を立て直すには、まったく新しい経営戦略（＝日銀による大規模な金融緩和政策）しかない」と訴え出たものの、それは日本で前例がないことであったため、放蕩息子は、「他社（＝他国）でもそんなことはやっていない」ということを盾に、そのリスクばかり（＝ハイパーインフレが起こる・長期金利が高騰する・バブルが起きる……）をあげつらい、その策に打って出ることをしなかったのである。

結果、業績は悪化の一途をたどったものの、放蕩息子は、親会社、親会社の会長、子会社の監査役のすべてをうまく言いくるめていたため、さしてお咎《とが》めを受けることもなく、のうのうと過ごしてこれたのである。

優秀だった歴代ＦＲＢ議長

では、アメリカ政府の「子会社的存在」であるＦＲＢはどうだったかと言えば、こちらは、歴代の社長（＝ＦＲＢ議長）が実に優秀だった。

先代のグリーンスパン議長は「金融の神様」「マエストロ（巨匠、名指揮者を意味するイタリア語）」の名をほしいままにするほど国民の信頼を得ていたし、サブプライム・ローン・バブルを崩壊させた最後の金融引き締め政策を行うまでは、完璧といっていいほどの手腕で金融政策の舵をとり、アメリカの景気をうまくコントロールしていた。

続くバーナンキ議長も相当に優秀で、リーマン・ショック後の大きな景気後退局面を迎えた際、学者時代から研究・提言していた通りの大規模金融緩和政策に果敢に打って出て、見事アメリカの景気を立ち直らせようと奮闘しているのである。

つまり、その優秀さゆえにＦＲＢの首脳陣は国民に信頼されており、そしてその信頼こそが、アメリカの投資家の予想インフレ率をうまくコントロールしているのである。ただ、サブプライム・ローン・バブル崩壊の影響はあまりに大きく、国民のＦＲＢへの信頼もついに揺らぎ始めた。そこでバーナンキは自ら「２％のインフレ目標」を高らかに掲げ、かつ適切で大規模な量的緩和政策に打って出て、国民の信頼を取り戻すことにも成功しつつある。実際アメリカの予想インフレ率は、その後、２％前後の水準で安定している。

物価の安定（＝プラス２～４％程度のインフレ状態での安定）を「中央銀行が果たすべき責任ではない」とした国は、古今東西、日銀以外には存在しない。実際、日銀自らがそう発言し続けてきたのである。悲しいかな、わが国の中央銀行である日銀は、世界で唯一無二の放蕩息子なのだ。

第5章　日銀の怠慢とアベノミクスの発動

海外の投資家が注目すること

本来ならばデフレである日本こそが、世界の中で最も強力かつ大胆な金融緩和を行わなければいけないところを、前章までで見てきたように、バブル崩壊以降、日銀はいつも金融緩和に及び腰の姿勢をみせてきた。

筆者は為替レートが動く本質を、個人投資家に対してきちんとお伝えするよう努力してきた。しかし、残念ながら十分に理解されたとはいいがたい。為替レートを動かす要因については、日々のニュースなど材料は数多くあるが、一方でこうした抽象的な理論はわかりづらい。そのため、多くの日本の個人投資家が、「本質とかけ離れた雑音」によって理解してしまっている。

しかし、海外の投資家はそうではない。彼らは為替レートが動く本質を見抜いた上で、さまざまな投資を行っているのである。その意味で、日本の投資家は、海外の投資家に遅れをとっていると指摘せざるをえない。

筆者は、２０００年から２００８年までの８年間、外資系証券会社の日本経済担当エコノミストとして、内外の機関投資家・ヘッジファンドに対し情報提供を行っていた。そして彼らとひんぱんに意見交換を行いながら、株式・債券・為替市場をずっと注視してきた。

この経験を踏まえれば、為替相場の先行きの議論を行う上で最も話題に上り、議論が白熱するのが、各国の中央銀行による政策についての予想だったのである。

たとえば、２００６年３月に日銀が量的緩和策の解除に踏み切った時期について、ある海外投資家と筆者の間で、当時次のような議論が日々かわされた。

海外投資家「金融政策決定会合の参加者の中で、一番利上げに熱心な審議委員はだれか？」
筆者「水野（温氏《あつし》）審議委員が利上げ転換に積極的な発言を繰り返している。水野氏は市場に対して、日銀のメッセージを伝える役割を担っている。ただ、実際には福井（俊彦）総裁や日銀の事務方が金融引き締めへの転換のプランを描いている」（肩書きは当時）

海外投資家「日銀は金融引き締めを急いでいるが、この判断は妥当なのか？」
筆者「いや、日銀の判断は性急すぎる。日本経済は、実際には大きな需給ギャップを抱えている。日銀が、日本経済をオーバーキルして（＝金融引き締めによって景気回復を途絶えさせて）しまうことを、私はとても懸念している」

このように、海外の投資家は、中央銀行の総裁や投票権を持つメンバーがどのような考えを持っているのか、そしてどのような考えで金融政策を行うのかを、投資判断をする際の重要な情報として注目している。彼らは、為替レートが動く本質をきちんと理解しているということだ。

金利がゼロでも……

最近、為替市場のコメンテーターによるコメントとしてとみに聞かれるようになったのが、「金利がゼロの世界になったから、各国の金融政策は為替市場に影響しない」というものである。為替取引を行っている方であれば、どこかで耳にしたことがあるのではないだろうか？

しかし騙されてはいけない。

リーマンショック後、ＦＲＢが２００８年12月に、ゼロ金利政策を行った結果、金利がゼロになっても、ＦＲＢは量的緩和の規模を拡大させ、さらに市場に対して「将来にわたって金融緩和を続ける」という強いメッセージを送り続けた。そして、それがドル円相場を大きく動かす要因になった。これは逆に言えば、ゼロ金利になっても日銀は、「量的緩和の規模を拡大する」「金融緩和の継続を市場に強力にアピールし続ける」余地が多く残されているということである。

実際に投資家は、金融緩和によって経済全体や株や為替、債券の市場がどのように変化するかを予想しながら、投資の是非を判断しているのである。中央銀行の政策変更の方向性を見誤り続ける投資家は、投資に負け続けるしかない運命にあるのだ。

ついにアメリカがインフレ目標政策を導入

２０１２年１月までは、投資家の間に「金融緩和のアクセルを踏むアメリカはデフレを回避しインフレを保つ一方、金融緩和に躊躇し続ける日本は、いつまでたってもデフレから脱することができない」という予想が根強く残っていた。第3章で述べた通り、これが２０１０年７月から２０１２年１月にかけて起こった歴史的ともいえる円高を、強力に後押ししていたのである。

しかし、この構図が２０１２年１月以降、少しずつ変わり始めた。

事の発端は国内ではなく、海の外からやってきた。

２０１１年末に、ＦＯＭＣ（連邦公開市場委員会）という、アメリカの金融政策の舵取りを決める会議において、「ＦＯＭＣに属するメンバーが抱く今後の金利・経済の見通しを、２０１２年から公表する」ということが発表された。

これは、ＦＲＢがそれまでの金融緩和政策を、将来どれくらいの期間にわたって続けると想定しているかを、市場に明確に公表するということである。その結果、「ＦＲＢは超低金利政策を継続するつもりだ」という予想が広がり、それが市場金利の一層の低下をもたらしたのだ。そして、ＦＲＢの金融緩和効果をさらに強めることになり、景気回復刺激効果も高まったのだ。

このように、ＦＲＢが自らの政策スタンスをはっきりと示すことを通じて、金融政策の効果をより強める考えは、バーナンキ議長が従来から強く指摘していたことだった。その言葉通り、同じく２０１２年１月のＦＯＭＣにおいて、ＦＲＢは２％の「インフレ目標政策」の導入を決定し、宣言したのである。

１９３０年代にスウェーデンが導入したのを皮切りに、以降ニュージーランドやイギリスなどの国々が、こぞって「インフレ目標政策」を導入してきた。そして、現在では先進20か国以上の国々が、この政策をとっている。しかし、先進国の中でアメリカや日本は例外的に導入していなかったのである。

バーナンキ議長はプリンストン大学の経済学者であった時代から、インフレ目標政策の必要性について提唱していた。その後、２００２年にＦＲＢ入りし、それを実践しようとしたものの、ＦＲＢ内部や政治家などから反対があり、なかなか実現しなかったという経緯があったのである。

市場では以前から、ＦＲＢが２％前後のインフレ率を理想として政策運営を行っていることは広く知られていた。それが２０１２年１月になってようやく、ＦＲＢ内部の意見調整などが済み、決定されたのである。

物価目標の公式表明に時間がかかったのは、ＦＲＢは「物価の安定」とともに「雇用の最大化」を目標としているため、「物価だけ」を目標とするのは問題になるという事情もあったからである。

いずれにせよ、こうして目標が明確になれば、物価変動に対してＦＲＢがどのタイミングで政策を変更するかを、市場参加者は予想しやすくなる。そして、目標が人々のインフレ期待のアンカー（碇《いかり》）になり、物価水準の達成と経済安定の実現にもつながりやすくなる。

こうしたメリットがあるから、バーナンキ議長はFRBの他のメンバーを納得させることに成功し、「正式に」2%の物価目標を設定できたのだ。

初めて日銀が「物価目標」の数字を公表

一方、日本ではどうであったか?

筆者らは、FRBが「インフレ目標政策」を導入する以前から、「2~4%の緩やかなインフレ率の実現を達成するために、日銀はインフレ目標政策を導入せよ」という声を上げていた。しかし日銀は頑《かたく》なに拒否し続けていた。

日銀がその理由として挙げていたのが、FRBが物価目標を公式には表明していないことだった。「アメリカで導入されていない制度だから、日本で導入する必要がない」というわかりやすいロジックである。

しかしFRBが自ら「2%の物価目標」を打ち出したことで、先進国中、日本だけが物価の数字目標を持たない唯一の中央銀行になってしまった。このように状況が変わる中で、かねて日銀による「デフレ放置策」に不満を持っていた多くの政治家が動いた。

その結果、2月上旬の衆議院の予算委員会などにおいて、日銀の白川総裁は参考人などとして参加することになったのである。

このとき、白川総裁が次のように発言していたことが、２０１２年2月3日の日経新聞において報じられている。

日銀もＦＲＢも同じような目的のもとに金融政策を行っている

しかし、こうした説明に対して、ＦＲＢが2％という明確な物価目標を掲げたことで、日本の政治家も、こういった日銀サイドの言い分に騙されなくなったということが想像できる。

さらに翌週の2月10日にも、衆議院予算委員会が行われ、デフレ脱却について議論がなされた。この時、政府答弁に立った古川元久経済財政担当相（当時）が「目指す物価上昇率は2％程度」と答えた。それに対して、白川日銀総裁が次のように述べたことを、ロイター通信が伝えている。

１％程度が展望できる状況を目指す

ここにいたって、政府と日銀の間でのスタンスの違いが明らかになった、とロイター通信は報じているわけである。

実際には、この答弁に対して、当時野党だった自民党などから、「日銀だけが物価目標を定めないのはなぜか」と厳しく追及されたのだろう。しかし、白川総裁は説得力ある反論ができなかった。FRBが物価目標を定めた一方で、日銀だけが物価目標を定めない状況を、国民の代表である政治家が、この時はさすがに許さなかったわけだ。

この予算委員会直後、翌週2月14日の日銀金融政策決定会合を控え、2月11日の日経新聞では、一転、以下のように報じられたのである。

日銀は13、14日の金融政策決定会合で、「物価目標」の公表方法の見直しを議論する。米連邦準備理事会（FRB）が打ち出した2％の長期物価目標に比べて「わかりにくい」との声が相次いでいるためだ。

実際、2012年2月14日に、日銀は、何もアクションをとらないという市場の予想に反するかたちで追加金融緩和（＝資産買入れ基金の増額）を行い、そして「1％の物価上昇を

図42　ドル円相場の推移（2012年1月～5月）

（出所）日本銀行より筆者作成

物価の目処《めど》とする」という曖昧な文言《もんごん》を使いながらも、「物価目標の数字」を初めて示したのである。

似非インフレ目標を設定しただけで……

この動きに市場参加者は驚いた。これまで、デフレを放置するような政策対応を続けてきた日銀が、プラス1%の目標を公言して金融緩和の強化を行うのではないか、という期待が突然浮上したからである。

実際、この金融政策の変更の後、日米予想インフレ率格差は縮小する。そしてその結果、当時1ドル＝70円台後半にあったドル円相場が、約1か月で80円台半ばまで一気に円安が進んだのである（図42参照）。

これに対して、目敏《めざと》く動いたのが海外のヘッジファンドなどの投資家である。先に説明したように、海外投資家の一番の注目点は、各国の中央銀行がどのような政策を行うかである。彼らは、「1％の物価上昇を物価の目処とする」という日銀の発言に、これまでとは違うものを感じたわけである。

拒否し続ける日銀

ただ、インフレ目標が「1％の物価の目処」という消極的なものかつ、1％のインフレを起こすための物理的な金融政策の方法に関する説明も曖昧なままだった。

他国の中央銀行は少なくとも2％のインフレを目指しているのに、日銀だけが1％の目標であれば、日本のインフレ率が相対的に低いままであることに変わりはない。そうした期待こそが、自己実現的に円高圧力を強めていったのである。

さらにそもそも日銀は、「物価目標」と表現すべきところを、意図的に「物価の目処」などのはっきりしない表現にしている。

その理由について、白川総裁は次のように述べていた。

物価安定と整合的な物価上昇率をどのような言葉で呼ぶかは、それぞれの中央銀行の置かれた状況によって異なると思います。FRBは、今回、「longer-run goal（長期的な目標）」という言葉を導入しました。ECBあるいはスイス国民銀行は「definition（定義）」という言葉を使っています。BOEは「ターゲット」という言葉を使っています。日銀は「目途」という言葉を使っています。（2月14日、記者会見での発言）

そもそも「目処」って何だ？「物価上昇率の目標」でもなく、「目標とする物価水準の定義」でもなく「目処」……。その数字が達成できなかったとしても、「アレはあくまで目処ですから……」などと言い逃れができるよう準備しているとしか考えられないではないか（筆者はこれを「インフレの目処政策」、略して「インメド政策」と呼ぶことにする）。

さらに日銀は、「資産買い入れ基金の増額」などという一見金融緩和を行っているように思える〃奇策〃まで弄《ろう》して、「私たち（日銀）はよくやっている」と見せかけていたのだ。実際、量的金融緩和の規模を表すベースマネーの総額は、ほとんど増えていなかった。そこまでして日銀は、金融緩和強化のアクセルを踏むことを拒否し続けたのである。

当時与党だった民主党の首脳陣も、「金融政策の失敗がデフレと円高と不況を起こしている」とは心から思っていなかったのだろう。国民に対して「日銀にちゃんとするよう言ってやる!」というふりをしつつ、日銀に強く金融緩和を求めることはなかったのだ。

マッチポンプの挙句、円高に逆戻り

こうした民主党政権と日銀の間での、金融緩和政策をめぐる(表面的な)「対話」が進む中の3月26日、白川総裁は市場に対して、「これ以上は金融緩和の強化をしない」というメッセージを発信したのである。

(積極的な金融緩和は)国際商品市況の上昇を引き起こすなどの副作用や限界も意識する必要がある。

(3月24日のワシントンでの講演での発言)

要するに、これ以上金融緩和政策を行うとその副作用(長期金利上昇や将来のインフレ加速と思われる)が大きくなるから、もうやりたくないという本音を、恥ずかしげもなく明かしたのである。

さらに、約１か月後の４月21日には、白川総裁は次のような発言を繰り返した。

将来の財政を不安視した個人が支出を抑えることが、低成長と緩やかなデフレの一因になっている。

これは、「デフレをもたらしているのは、日銀による金融緩和政策が不徹底なことではなく、日本経済固有の問題」という、明らかな言い逃れである。しかし、これに対してマスコミは、ほとんど非難の声を上げなかったのである。

政府と日銀との間で行われた「不毛な対話」、そして日銀自身から金融緩和強化を否定する発言が続いたことで、海外の投資家の間に大きな失望感が広がっていく。

ここに至って、完全に日銀がマッチポンプを行っていることが、国民の誰の目にも明らかになった。それと時を同じくして、ギリシャのユーロ離脱懸念も加わり、ドル円相場は、２０１２年の夏場にはふたたび１ドル＝70円台の超円高局面に逆戻りしたのである。

ここで、日銀による「インメド政策」発動の時点（２０１２年２月14日）にさかのぼってみると、このとき、日銀の金融緩和強化が非常に中途半端だったことが判明したため、ドル円相場の円安転換は本格化しなかった。

ただ、日銀が金融緩和を行って物価目標を明らかにすれば、ドル円相場が大きく動くということはわかった。その意味では、日銀による「似非《えせ》インフレ目標政策」ともいうべきインメド政策もそれなりに有意義なものだった。

そしてこのことをきっかけに、日銀の金融緩和強化に対する市場からの要請が、澎湃《ほうはい》として湧き起こることになった。円高から円安に転換する土壌は整いつつあったのだ。

総裁選における安倍氏の主張

そして2012年秋、日本の政治が大きく動いた。

野田首相が消費増税を強引に進めたことで民主党は分裂。さらに経済の回復や外交政策にも失敗し続け、増税だけを進める民主党政権への国民の失望は極限に達することになったのだ。

一方、最大野党の自民党では、リーダーの交代が実現していた。9月26日の総裁選挙で、安倍晋三、石破茂、石原伸晃、町村信孝、林芳正の5人が争った結果、当初は本命とは目されていなかった安倍氏が総裁の座を獲得したのである。

選挙戦で安倍氏は、脱デフレ、経済再生、金融緩和強化の必要性を強く訴えた。具体的には次のようなものだった。

2～3％の緩やかで安定的なインフレを達成する必要がある。
（9月12日、総裁選出馬記者会見における発言）

思い切った金融緩和をする必要がある。物価目標、果たして2％、3％と定めてくれるのか。（9月15日、自民党総裁選挙の公開討論における発言）

これらの発言を受け、筆者は「自民党総裁選で何が変わるか～脱デフレが早まる可能性～」と題したレポート（9月25日）をマネックス証券から発信した。その内容は以下の通りである。

自民党総裁選挙で誰が勝利するかは分からないし、実際に消費増税が先送りになる可能性は高いとはいえない。ただ、政治主導で成長率とインフレ目標が明確に意識され、これまで実現しなかった政府と日銀が協調する仕組みが整う可能性がある。これが実現すれば、日銀がより強力な金融緩和策に踏み出すため、脱デフレの時期が早まるだろう。

しかし実際のところ、総裁選の結果に市場はさほど反応しなかった。野田首相が、8月8日の自民党・公明党との3党首会談の際に発言した「近いうちに国民の信を問う」という約束をズルズル先延ばしにしていたことから、衆議院の解散総選挙は2013年まで延びる可能性が高かったためである。

円高の是正

事態が大きく変わったのは、11月14日だった。野田首相と安倍自民党総裁との党首討論で、野田首相が「早期解散」「年内総選挙を行う」ということに突然言及したのである。

その日から、ドル円相場は一気に円安への道を突き進むことになった。金融緩和政策の拡大を推進する安倍政権が誕生することで、「日米予想インフレ率の差が縮小する」と市場が認識したのである。

この時筆者は、国会解散が判明する直前に「政権が代われば円安は進むか?」と題するレポートを発行した。結論は以下である。

自民党政権誕生で、円安や日本株高はどこまで進むのか？　安倍総裁がふさわしいと考える日銀総裁が誕生すれば、今年（２０１２年）２月から3月にかけて実現したような、円安、そして株高が再現してもおかしくない。

前述のように安倍総裁は、総裁選で金融緩和を軸とした脱デフレと脱円高を目指すという政策を掲げた。その後も、こうした発言がメディアで報じられるたびに、為替市場は反応し、ドン、ドン、ドン、と円安（＝円高是正）が進み続けたのである。

前首相の無知

民主党政権末期の11月25日、野田首相と安倍総裁がテレビ朝日の番組で討論をした際、安倍総裁による金融緩和強化の要請を、野田首相は以下のように批判した。

野田首相「安倍さんのおっしゃっていることは極めて危険です。なぜなら、インフレで喜ぶのは誰かです。株を持っている人、土地を持っている人は良いですよ。一般の庶民には関係ありません。それは国民にとって大変、迷惑な話だと私は思います」

自民党・安倍総裁「びっくりしましたね。税収も名目経済が上がらなければ、税収は上がらない。そのことが総理には基本的にわかっていなかったということが驚きですね」

この討論で明白になったのは、野田氏は「インフレになると、株や土地を持っている人だけが豊かになり、一般庶民にとってはむしろ迷惑なこと」と認識していたことである。「危険」なのはいったいどっちだ!? ということである。

政府のリーダーが「脱デフレによって庶民が困る」と誤認し、日銀が「脱デフレに踏み切るために最低限必要とされる米欧の中央銀行と同様の金融緩和政策を行わない」というのである。こうした状況では、円高デフレの悪循環から抜け出すことができないのは当然の帰結だ。

続く円安基調

12月16日の衆議院議員総選挙で自民党が大勝すると、安倍政権において金融緩和政策が強

図43　ドル円相場（2012年11月〜2013年１月）

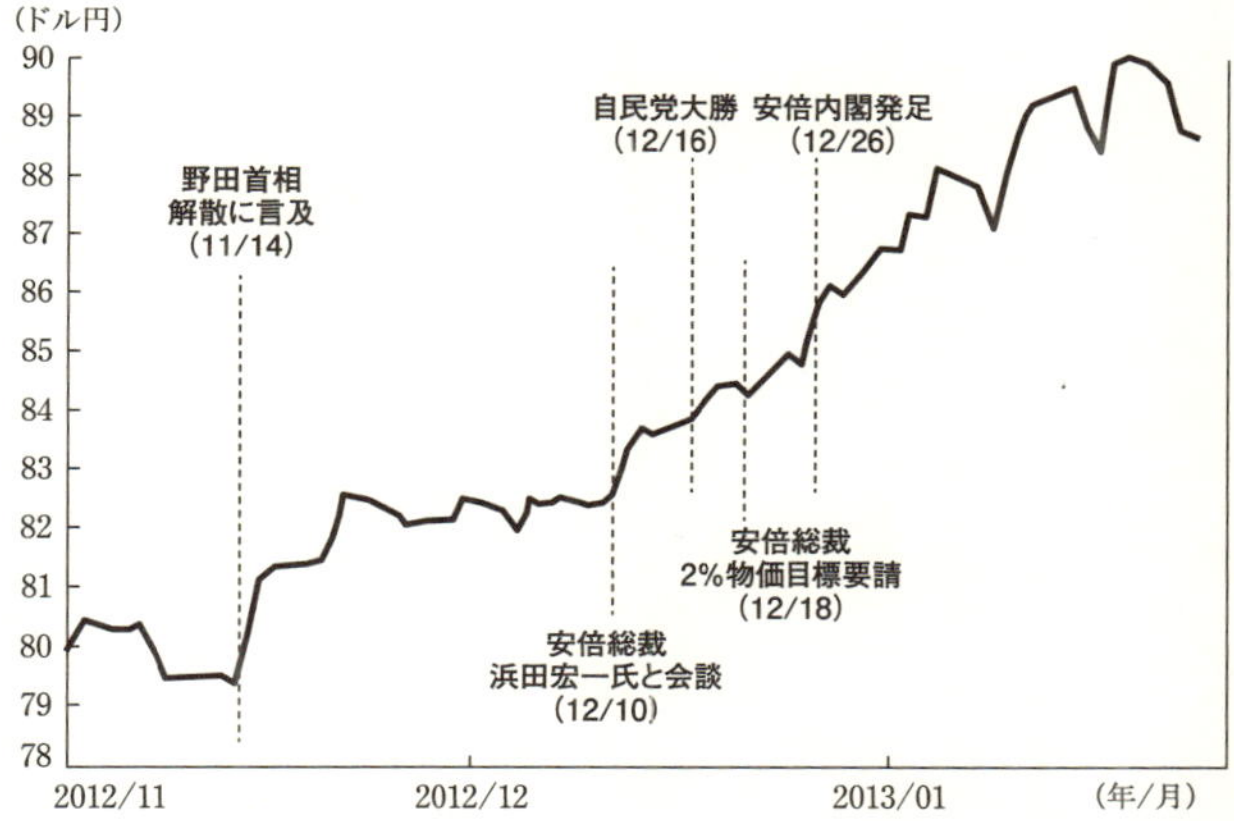

（出所）日本銀行より筆者作成

まるとの見方がより強固になり、円安の動きに拍車がかかった（図43参照）。

　その後ドル円相場は、２０１３年に入って早々に90円近くまで一挙に円安が進み、２０１０年以来の水準まで戻った。２０１２年２月の、日銀による中途半端で実効性を伴わない〝インメド政策〟ではなく、安倍首相が求める脱デフレに全力を尽くすことができる新日銀総裁のもと、少なくとも米欧の中央銀行同様の金融緩和が実現するとの期待が強まった。つまり為替市場は、日銀の政策に大転換が起きると予想し、歓迎したのである。

　実際に、アベノミクスの発動から現在（２０１３年２月）までの経緯を振り返ると図43のようになり、ずっと円安基調が続いている。

この円安はどこまで続くのか?　そしてその時、日本経済に訪れるのは破滅か完全復活か?　それについては、次章でくわしくお話ししたい。

第６章　１ドル＝１０５円で日本はどう変わるか？

日銀の〝前科〟

長らく日本では、金融政策に対するひどく誤った認識を持った人物が日銀総裁の職に就き、実際に日本を円高とデフレのさなかに叩きこむ格好に終始してきた（彼らの発言を眺めれば、彼らにとっては〝成功〟だったのかもしれないが……）。

そして、日銀執行部の誤りに気づかず、それどころかその誤りを言論などを通して世に広めてきたのが、「ガラパゴス経済学」を信奉する、日本の多くの学者やエコノミストといった識者、そしてマスコミだったのである。

筆者のように、日銀の適切で大規模な金融政策の必要性を訴える「リフレ派」と呼ばれる人間は、本当にごく一部に限られていた。学者・エコノミスト・マスコミ記者のすべてを合わせても、日本国内では20人いるかいないかではなかろうか。

こんな四面楚歌《しめんそか》の状態において、日本経済そして日本人は、よくぞここまで耐えてきたとの思いを禁じ得ない。「日本はもう成長できない」などという「日本経済停滞宿命論」を唱える人は今なお多いが、筆者は「日銀という名の組織から20年以上も背中に銃撃を受けながらも、日本経済は今なお懸命に、また力強く前を向いて立ち続けている、すごい存在なんだぞ！」と叫びたい気持ちに駆られる。

この原稿を執筆中の２０１３年２月現在、アベノミクスが発動されているように見えているが、実はまだ日銀が抵抗を見せており、アベノミクスは安倍首相のかけ声だけにとどまっているという問題が残されている。実際には、まだ量的金融緩和の規模を明確に拡大していないという意味で、日銀の側は一切、物理的な金融緩和行動に出ていないのだ。

このまま日銀がそういう行動をとり続けたらどうなるか？

２０１２年２月に日銀が「１％のインメド」を発表して以降、少しだけ円安に振れたことがあった。しかしその後、脱円高・脱デフレのための量的緩和行動に日銀が打って出なかったため、市場の予想を「本格的な円安が起こる」という方向に変えることに失敗し、４月以降、１ドル＝75円前後の円高をまた起こしてしまったことを思い出していただきたい（196～201ページ参照）。このような〝前科〟があることを踏まえれば、今回もせっかく起こっている円安に、日銀が冷や水をぶっかけないとも限らない。

日銀がとるべき３つの政策

そう考えた場合に、「では、本格的な円安を起こすアベノミクス下で、日銀がとるべき物理的な金融緩和行動とは何か？」についてまとめておきたい。それは、次のようなものである。

（1）日銀が「2〜4％のインフレ目標」を、「法に基づいた結果責任を負った上で」宣言する。
（2）インフレから脱するまで、ゼロ金利政策を長期化させる（その約束を明確にする）。
（3）ベースマネーを（インフレ率が実際に2〜4％のプラスの水準で安定するところまで）増やす量的緩和政策の拡大を行う。

かくして、この3つの政策を日銀が実施すれば、2013年2月現在、アベノミクス発動への期待だけで円安に振れているドル円相場は、金融緩和に裏付けられたかたちで、より強固かつ揺るぎない動きとして、脱円高化が加速していくことになるだろう。

購買力平価で探るドル円相場の適正水準

では、どの程度のドル円相場が、日本経済にとって、景気を適正に回復させるという意味での「適正水準」になるのであろうか？

それを探る方法というのが、購買力平価による為替レートの理論値である。46ページ以降で述べた購買力平価についておさらいすると、ドル円相場などの為替レートが、両国のインフレ率の変化を反映して長期的に変動するメカニズムのことである。

この購買力平価だけで、ドル円相場が動くという世界を想定した場合に、為替レートの「理論値」を計算することができる。「理論値」について説明すると難しくなるので220ページまでは読み飛ばしていただいてもかまわないが、一応簡単に説明しておくと、日米の物価変動（＝インフレ率）の差という為替相場の本質的な動きだけで、ドル円相場が決まるとした場合の水準であるということである。かつその時点で、この理論上の水準と実際のドル円相場が乖離しているとすれば、その乖離はいずれ理論値の方向に向かって収斂《しゅうれん》されていく（＝変動する）可能性が高いということだ。

次ページの図44で、ＩＭＦ（国際通貨基金）が算出している購買力平価に基づく対ドル円の理論値と、実際のドル円相場の80年以降の推移を見てみよう。２つとも長期的に円高が起きているが、各局面で２つの数字の間にかなり大きな差が生じていることがわかるだろう。

図44　ドル円相場と購買力平価

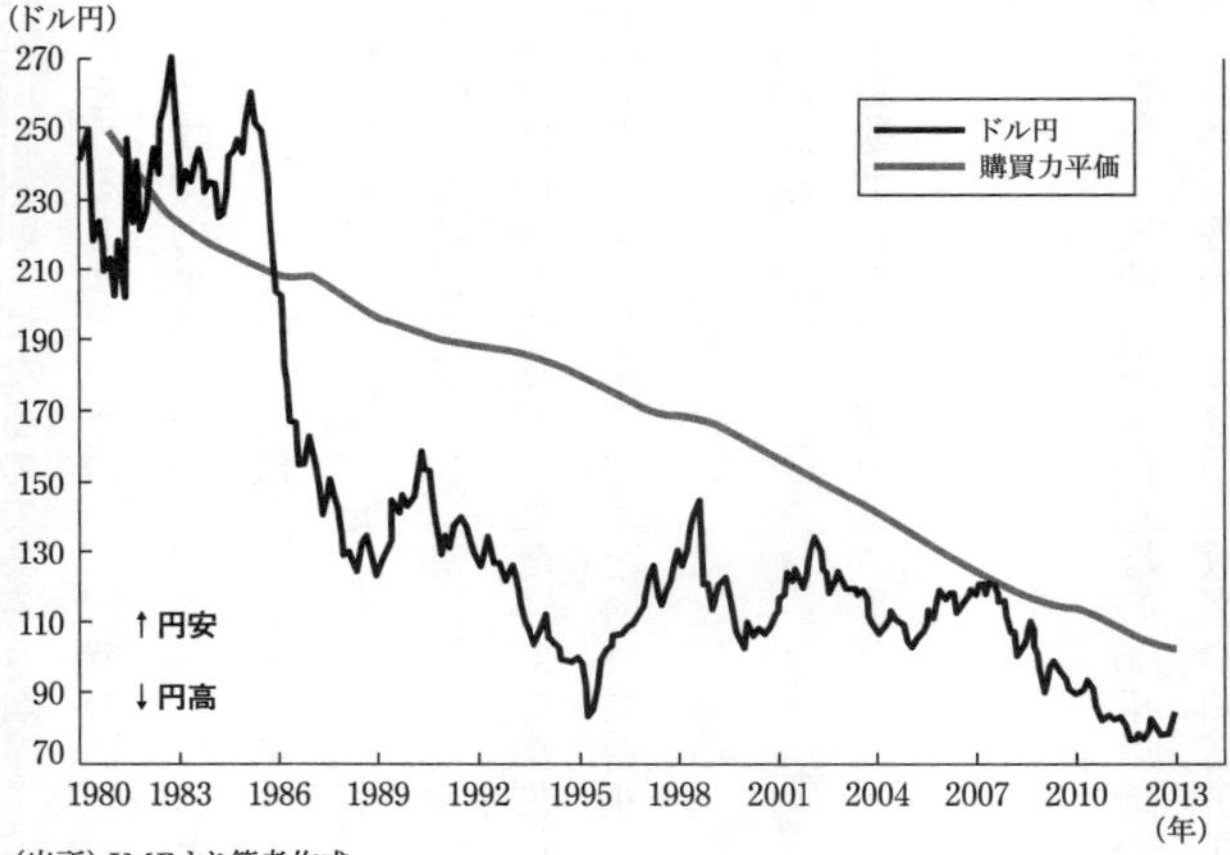

(出所) IMFより筆者作成

そして理論値と実際のドル円相場を比較する上で重要なのは、市場で決まるドル円相場が、長期的な(購買力平価から見た場合の)均衡水準から、どの程度割高(＝円高水準＝日本にとって不利)か、あるいは割安(＝円安水準＝日本にとって有利)にあるのか、ということだ。

つまり、購買力平価の理論値より現実のドル円相場が「円高水準」(グラフでは下方向)に乖離している場合、日本の産業全体にその乖離幅分の「不利」な状況が起こっているということだ。逆に、購買力平価の理論値より現実のドル円相場が「円安水準」(グラフでは上方向)に乖離している場合、日本の産業全体にその乖離幅分の(ある種不公平に)

「有利」な状況が起こっているということである。

購買力平価から導き出される適正値

なぜ購買力平価から導かれる適正値（＝理論値から導き出される適正値）と現実の数値の乖離幅によって、その国の産業全体にとっての有利・不利が測れるのか？　それは次のような理屈からである。

ここでは、適正値より現実のドル円相場が円高方向（グラフでは下方向）に乖離していて、日本の産業に「不利」になっている場合のケースで説明したい。

まずは、「適正値」の「適正」が何を意味するかについて考えてみよう。

（1）日米間の購買力平価（アメリカのインフレ率÷日本のインフレ率）から求められるドル円相場の適正値自体が、ＩＭＦによる推計値が公表された１９８０年以降、ずっと円高方向に推移している。それはすなわち、アメリカのインフレ率よりも日本のインフレ率が低い状態が続いているということである。

（2）日本のインフレ率が低いということは、日本の商品価格が下がってきているということだ。これは、日本の商品を輸出しようとした場合、（海外から見ると）日本の商品は、（値段が下がっている分）海外の商品に比べ価格競争力が高まるということになる。だから、輸出という視点だけで考えれば、購買力平価でいうところの適正値が下がってきている（＝円高方向に推移している）ということは、日本の商品が貿易相手国に比べ、価格競争力が高くなるということなので、有利に働くものなのである。

（3）とはいえ、輸出以外の視点から購買力平価の適正値が下がってきていることを考えれば、日本のインフレ率が低い値（あるいはデフレ）にあるということになる。それは、経済全体にとって良いことだとはいえない。

（4）つまり、購買力平価に基づくドル円相場の適正値という場合、何に対して適正な値かといえば、それは貿易相手国（たとえばアメリカ）との貿易関係の上において〝のみ〟（価格競争力が）適正な（＝有利でも不利でもない）状態ということである。

（5）「貿易関係において有利でも不利でもない状態」というのは、具体的には、その適正値の水準において、たとえば日本とアメリカとの貿易関係では、両国の平均的な産業が、ともに価格競争力を保つことができることを意味する。仮に「両国の平均的な産業」を自動車産業として、それが競合関係にある場合、価格競争力の観点で見れば、それは両国の自動車産業にとって有利でも不利でもない状態ということになる。

（6）もしも、ドル円相場が適正水準にある時に、アメリカの自動車産業が劣勢に立たされているとしたら、それは為替レート上の問題ではなく、日本の自動車産業に比べてアメリカの自動車産業が、品質やデザインや値付け等において劣っていることを意味している。この時、アメリカサイドから「アメリカの自動車産業は為替レートが適正でないため劣勢に立たされているのだ」という異議申し立てがあれば、それは単なる言いがかりにすぎないということがいえるのである。

ここまでの話をいったん整理すると、次のようになる。

> ★「購買力平価に基づくドル円相場の適正値」とは、「貿易相手国（たとえばアメリカ）との貿易関係の上」においてのみ「(価格競争力が）適正な（＝有利でも不利でもない）状態」の値である。

適正値を超える円高・円安は何を意味するか？

そして、ドル円相場において、購買力平価から算出される適正値よりも高い値で円高が生じている場合、それは「日本が、貿易相手国（たとえばアメリカ）との関係において不利な状態」といえる。それは次のような理屈によるものである。

（Ⅰ）1ドル＝100円が購買力平価における適正値だが、実際のドル円相場は「1ドル＝80円」というケースで考えてみよう。同じく自動車産業を例にとる。
たとえば、日本国内で1台100万円の車をアメリカに1台1万ドルで輸出する場合、ドル円相場が1ドル＝100円であったら、日本の自動車メーカー（仮にA社としよう）は、代金の1万ドルを為替市場を通して円に換算すれば、100万円を手に入れることができる。

（Ⅱ）ドル円相場が1ドル＝80円になったら、この取引はどうなるか？　A社が代金の1万ドルを為替市場を通して円に換金すると、80万円にしかならない。これでは、A社は利益を上げられないことになってしまう。

（Ⅲ）そもそも1ドル＝80円の円高が起こっている時、A社はアメリカに車を輸出しても利益を上げられないことがわかっている。だから、A社は、理論上アメリカに車を輸出できないということになる。つまり、この適性値よりも円が高くなるほど、A社は輸出の機会が減るのである。

(Ⅳ) アメリカへの輸出によって利益を上げられないのであれば、A社は困る。だから、コストカットなどを行うことで、1台80万円の売上しかなくても利益が出るよう、経営努力を強《し》いられることになる。

(Ⅴ) しかしA社のコストカットは、為替相場が「1ドル＝100円」という適正水準にある場合は必要がなかったものである。つまりここに至って、適正値を超える円高が起こった場合、その乖離幅の分だけ価格競争力を失い、結果として、A社はコストカットをしなければ輸出をしても利益を上げられなくなっているのである。「不利な状況におかれる」というのはそういう意味である。そして、この適正値を超えた円高がもたらす「不利な状況」は、日本の輸出産業全体にかかってくるわけだ。

逆にいえば、購買力平価の適正値を超える円安が起こっている時は、その乖離幅の分だけ日本の輸出産業全体にとっては「有利」な状況にあることを意味している。しかし、アメリカの輸出産業からすれば、それは（不当に）「不利」な状況を強いられているということを意味するから、両国の貿易関係において「適正な値（＝公平な状態）」にあるとはいえない状態にある（仮の話だが、もしドル円相場が、アメリカの輸出産業にとって公平でない円安・ドル高の水準にある場合に、アメリカ側から「ドル高是正」の対日要求があっても、その時日本は、その要求を正当に跳《は》ね返す理論を有していない状態にあるということを意味している）。

現在の適正なドル円相場は？

ここまでは理論上の話である。

では、実際の為替相場は、これまで日本にとって有利な値で推移していたのか？　もしくは不利な状態で推移していたのか？

それがわかるのが、２１４ページの図44である。現実のドル円相場は86年以降、日本にとってずっと（不当に）不利な円高状態に置かれ続けてきたということになる。

では、購買力平価で見て、２０１３年2月現在、理論的に適正なドル円相場の水準とはいくらになるのだろうか？　それはズバリ、**１ドル＝１０５円前後**ということになる。２０１

3年2月現在のドル円相場は、1ドル＝90円前後という水準にあるわけだから、まだまだ約15円分（つまり約15％前後）不利な状況に置かれているということになる。

「1ドル＝105円」の意味するところ

２０１２年11月以降のアベノミクスへの期待のみによる円高是正の結果、ドル円相場は、長期的な理論値に向かう格好になっている。それを考えると、２０１３年３月に新しい日銀総裁が誕生し、米欧と同様の金融緩和政策が行われれば、少なくともこれらの指標から導き出される、円の割高感（＝不公平感）は解消されることになるだろう。

その過程については、次のような仮説が立てられる。

（1）安倍政権が、金融緩和政策の強化による真の脱デフレ実現を目指している。
（2）２０１０年以降続いた「米欧の金融緩和の規模＞日本の金融緩和の規模」という構図が、少なくとも「米欧の金融緩和の規模＝日本の金融緩和の規模」（あるいは「米欧の金融緩和の規模＜日本の金融緩和の規模」）という構図に変わる。
（3）すると、行き過ぎた円高修正の一つの目処として、購買力平価である1ドル＝１０５

円前後を目指す円安が進みうる。

現実のドル円相場が、購買力平価から算出される適正値に戻るということは、214ページの図44からわかる通り、2007年半ば以来となる妥当な為替水準に戻ることとほぼ同じである。当時の適正値は1ドル=120円前後だったが、日本でデフレが進行したため、現在のドル円相場の適正値は、先述の通り1ドル=105円程度に変化してきている。

2007年当時、ドル円相場が適正値に戻ってきたことによって、日本では輸出産業の競争力復活、利益拡大、製造業による設備投資拡大という好況が起き、もう一歩で脱デフレが達成されるという状態まで迫ってきていた。であれば今回、アベノミクスが適正に運営される結果、1ドル=105円前後の水準で安定すれば、2007年当時の日本経済の活況が、また戻ってくるということになるのである。

世界から寄せられる円安是認の声

日本のデフレや円高については、かねてIMF(国際通貨基金)でも問題になっていた。ロイター通信によると、2012年6月の協議を終えた際に出されたIMFの声明には、次のような項目が挙がっていたのである。

「円の為替レートは中期的観点から過大評価」
「日銀は追加緩和策を実施しうると確信」
「インフレ目標（Goal）の1％にインフレ率が近づいた場合、デフレショックへの緩衝帯《かんしょうたい》を設けるため、日銀はインフレ目標を引き上げるべきである」

そしていま、一部の国を除き多くの国から「日本の円高是正（＝適正水準への回帰）」を歓迎する言葉が寄せられている。

たとえば、２０１３年２月５日のロイター通信の報道によれば、ＯＥＣＤ（経済協力開発機構）のグリア事務総長が、次のように述べたとされている。

「日本は単に円安だけを求めているのではなく、真剣にデフレを克服するため行動している」
「日本は永続的な円安を目指しているわけではなく、インフレ率の上昇につながる水準にしたいと考えており、それは経済成長を後押しする要因になる」
「日本が着実な成長を遂げることは、誰にとっても最大の利益になる。特に韓国にとっては重要だ。その意味で、われわれは状況を見守る余地がある。日本の成長が高まり、世界経済に寄与することを望む」

IMFやOECD事務総長によるこうした判断には、（アメリカ政府も含めた）世界で「デフレと、そして通貨高で苦しんでいる日本経済の苦境が、世界経済にとって大きな問題となっている」という認識が進んでいるという背景があると推察される。

また159ページでお話しした、カリフォルニア大バークレー校のアイケングリーン教授は、同じ日経のインタビューの中で、「(アベノミクスは) 当局による円安誘導との批判もある」との記者からの質問に対して次のように答えている。

アベノミクスの主な狙いはデフレの解消で、円相場の押し下げではない。低成長のなかで円の下落は妥当だし良いことだが、金融緩和が経済に利益を及ぼすいくつもの経路の1つにすぎない。

金融政策の運営にあたっては、国内の必要性を最優先に考えて行動すべきだと歴史は教えてくれる。日本経済は適正な物価上昇率を確保するための金融政策が必要であり、円相場もそれと整合する水準まで調整するのが望ましい。資本流入などに直面した国々も米国や日本への批判をやめ、自身の政策で対応すべきだ。


この円安はどこまで進むか？


しかし、2013年2月現在、日本国内においては、いまなお安倍政権による「金融緩和の強化」を軸とした脱円高・脱デフレ策への抵抗感が根強くある。

これはとりもなおさず、アベノミクス相場で実際に株高と円安が起きてなお、日本をダメにし続けてきた「ガラパゴス経済学」を捨てきれない人たちが数多くいることの証左なのであろう。

たとえば、2012年1月15日の日経新聞に載った、「円安、適正水準は？ 1ドル＝90円限界説も」というタイトルの記事である。そこには、さまざまな立場からのさまざまな相場観が並べられているが、1ドル＝90円程度の円安ですら日本経済に負の影響をもたらすとし、それ以上の円安を許容する人の声は、記事のバランスをとるためか、数人分掲載されているだけだ。

たしかに、円安によってエネルギー価格などが上昇すれば、それが企業利益を圧迫し、経済全体に悪影響を及ぼすことも考えられる。しかし、それもまた「購買力平価の適性水準に戻るだけ」という意味で、公平なコストの上昇なのである。実際、2007年時点などの円安局面においても、エネルギー価格の上昇によるコスト上昇は起こっていた。それでも日本全体の景気は回復していたのである。

なかには「円安によるコストの上昇は大いに困る」という産業もあるかもしれない。しかし、あえて言うなら、それらの産業の利益は、長引く円高の時代に、円高に苦しむ他の多くの産業の利益を削ることで上げていたに等しいともいえるのだ。

適正値に向かって円高が進んでいけば、そういったこれまでの不公平な状態が是正され、そのことが日本経済全体を回復させることにもつながるのである。

マッチョな構造改革論者たち

第4章で触れたような「ガラパゴス経済学」を垂れ流している論者に共通する特徴をご存

じだろうか？　それは、「金融緩和などというまやかしはやめて、日本は果敢な構造改革に取り組まなければならない」などとする、「マッチョな構造改革論者」であるということだ。

「構造改革がなぜ日本のデフレと円高を克服する策にならないか？」という疑問については、拙著『日本人はなぜ貧乏になったか？』でくわしく解説したので、ここでは繰り返さない。

ただ、一つだけ述べておくと、日銀による金融緩和強化策は「脱デフレと脱円高の唯一の政策」となるだけではなく、「衰退産業保護策」をやめることにつながるのである。つまり、アベノミクスの成功こそが、「真の構造改革」を実現するカギになるのだ。

そもそも構造改革という言葉を経済学的に定義すれば、「公的企業の民営化や規制緩和によって、企業の公正な競争環境を整え、日本全体の生産性を上げる」政策ということになる。たしかに、日本全体の生産性が上がれば、将来にわたって日本の恒常的な経済成長率を高める効果があるので、この政策は必要である。

しかし、まだ現時点では、構造改革を進める前提となるインフレや十分な円安、経済成長率が実現していないので、衰退産業保護を求める政治勢力・既得権益の声が高まる一方なのである。

経済成長率が低くなると、政府に対して、景気を下支えするために不必要な公共事業を求める声が強まる。また、衰退産業に潜んだ既得権益者たちは、自分たちが他の産業に転向することが難しいため、政治家へのロビー活動に力を入れるようになる。

こうした状況になると、企業が政府に依存する体質が強まり、財政支出を不必要に膨張させることになる。しかも、デフレにより経済成長率は低いままだから、当然景気は悪く、よって税収は減る一方である。

現在の日本の財政赤字は、この「景気下支えのための政府の財政支出増の効果」（＝歳出の増加）と「景気低迷に伴い税収全体が減る効果」（＝歳入の減少）の2つがヘビのようにからみあうことで巻き起こされているものなのだ。

そんな中で、構造改革を実現し、その果実を得ようとしても、それはなかなか難しい話だ。

構造改革政策と整合的なアベノミクス

ところが、アベノミクスによる金融緩和の徹底によって脱デフレと脱円高の二本柱による経済正常化が実現すれば、そうした衰退産業保護の声も小さくなってくる。全体のパイが広がり、失業率が改善しだせば、そういった産業からの雇用移転も容易になるからだ。

こうして、経済全体が元気になれば、政治の側も勢いのある企業や産業の声を吸い上げて、政策を行うことが可能になる。衰退産業への政府側の異様なまでの配慮も、そのぶん小さくなることになるのだ（もちろん、セーフティーネットとして、政府は役割を果たす必要がある）。こうして、これまでの悪循環が好循環に変わる。

アベノミクスに関しては、「単に金融緩和を行うだけでは意味がない」などという批判がメディアでもよくなされているが、右に挙げたような理由から、アベノミクスは構造改革政策と整合的なのである。

こうした望ましい政策の効果を低下させるのが、公共投資に必要以上に財政支出を増やすような政策の発動である。

もちろん、脱デフレを目指す上では、財政支出も一定程度増やすことは必要である。しかし、国土強靭《きょうじん》化政策などの美名のもとに、資源配分を歪める財政支出拡大はむしろ弊害が大きいといえるだろう。

アベノミクスを構造改革に本当につなげたいならば、最優先に行うべき政策は、金融緩和の強化によるデフレと円高からの脱却である。

その上で、財政政策は２〜４％程度「まんべんなく」増やせばよい。財政支出を増やす先は、公共投資よりも、必然的に介護、医療、教育など、より国民のニーズが高い分野になるはずである。

これらの政策をうまく合わせて、高い経済成長率を保っていけば、規制緩和や公的部門の民間移転といった「経済活性化策」「構造改革策」が本当に生きてくる。

すなわち、アベノミクスが円安、脱デフレをもたらすことによって、日本の真の構造改革は進むのである。


日本にとって大切なことは何か？


この原稿を執筆中の2013年2月5日、「白川方明日銀総裁は、4月8日の総裁の任期満了を待たず、2人の副総裁が任期切れを迎える3月19日に辞職する意向を、安倍総理に伝えた」というニュースが飛び込んできた。白川総裁は、まさに現在の日本の凄惨な円高とデフレを長引かせた張本人であるので、早めに職を辞すということは、日本経済にとっては誠に結構なことであろう。

ここで問題になるのは、次の総裁・副総裁が誰になるか？　ということである。本書が出版される3月15日の時点では、すでに発表されているだろうが、現在ではまだはっきりしたことは言えない。本来なら決まった時点で、その人物に対するコメントも本書に書き込みたいのだが、残念ながらそれはかなわない（２月25日の日本経済新聞１面トップでは、「日銀総裁に黒田氏、副総裁に岩田規氏近く国会提示」「副総裁もう１人は中曽氏軸」と報じられている。「黒田氏」とはアジア開発銀行総裁の黒田東彦《はるひこ》氏、「岩田規氏」とは学習院大学教授の岩田規久男《きくお》氏、「中曽氏」とは日銀理事の中曽《なかそ》宏氏のことである）。

だからここでは、日銀に必要な政策を属人的な観点から述べるのではなく、「日銀が脱円高と脱デフレを達成するのに十分な金融緩和を行っているといえるか」ということを読者の方が、ご自分で確認できるよう、以下チェックリストというかたちで提示しておきたいと思う。

日銀の政策チェックリスト

（１）まずもって、２～４％までのインフレ（と、その時に起こる水準での円安）が起こるまで、日銀が現在すでに導入している「ゼロ金利政策」を放棄しないこと。

（２）かつ、２～４％までのインフレ（と、その時に起こる水準での円安）が起こるまで、（そして、それ以降も）２０１３年１月に日銀が導入した「２％のインフレ目標政策」を堅持すること。

※ただし筆者は、2%のインフレでは足りず、4%までのインフレなら、日本経済全体に正の効果をもたらすものと考えている。「2%のインフレ目標」を設定していることで、逆に2%のインフレしかもたらさず、結果的にそのことが日本経済の成長の芽を摘んでしまうようなことになるなら、その時は「2〜4%のインフレを目指す」というぐあいに、目標値を上げる方向に変更する必要も出てくると考えている。

(3) そして、より重要なのが、2〜4%までのインフレ(と、その時に起こる水準での円安)が起こるまで、日銀が物理的に「金融緩和の規模(=量的緩和の規模)」を果敢に増やしているか? ということである。これを言い換えれば、日銀が「ベースマネーの平均残高」を、2〜4%までのインフレ(と、その時に起こる水準での円安)が起こるまで、果敢に増やしているか? ということだ。

なぜ(3)が重要かといえば、それは日銀による物理的な金融緩和が伴わなければ、市場は失望し、2012年2月の「インメド」後に、ふたたび円高が起こったのと同じ事態になることが考えられるからだ。

ベースマネーの適正値は250兆円

またこれも、拙著『日本人はなぜ貧乏になったか？』の中でもくわしく取り上げたが、カーネギーメロン大学の経済学者ベネット・T・マッカラム氏が考案した計算ツールに「マッカラムルール」がある。これは「その国が目標とする名目経済成長率を達成するために必要な、その国の中央銀行が供給しなければいけない適正なベースマネー拡大の規模はどれだけか？」を計算できるものだ。

この「マッカラムルール」から逆算してみると、「2〜4％までのインフレ（と、その時に起こる水準での円安）」が起こるまでに、日銀が増やすべき「ベースマネーの平均残高」の規模は、次のようなものになる。

（Ⅰ）日銀が毎月、ベースマネーの平均残高を3兆円ずつ積み増す。

（Ⅱ）そうしていけば2年後には、日銀のベースマネーの平均残高はマッカラムルールの適正値である250兆円規模に近づく。つまり日銀は、その水準に近づけるまでベースマネーの平均残高が拡大するよう、量的緩和の拡大を進める必要がある。

※ただし厳密には、インフレ率も為替レートも市場の予想インフレ率の高まりによって自己実

現的に決まるものであるから、250兆円までベースマネーの平均残高を拡大する前に、2％程度の緩やかなインフレ（と、その時に起こる水準での円安）が早々と達成される可能性はある。その時は、ベースマネーの平均残高の〝拡大〟をやめていいことになる。さらにいえば、2％程度の緩やかなインフレの状態が安定的に続くようになった場合、その時日銀がとるべき政策は、「ベースマネーの平均残高」をその時点の水準に保ち続けることである。

このように日銀が「ゼロ金利政策」と「2％のインフレ目標」の2つを堅持し、かつベースマネーの平均残高を積み増す「量的緩和政策」を続けていれば、脱円高と脱デフレは達成できるであろう。

日銀にきちんと仕事をさせる方法

筆者は今、日銀がしっかり金融政策を行ってくれることを願うばかりだ。しかし、長年にわたって円高とデフレを放置し、日本人の多くを不幸のどん底に陥れてきた日銀のことだ。新総裁・副総裁が誕生したとしても、何らかの口実をつけて右に挙げた政策を実行しないことは十二分に考えられる。

その場合の対応策についても述べておきたい。

それは、231ページ以降の（1）から（3）までの項目を日銀に強制的に実行させるため、「日銀法を改正する」という方法である。具体的には次のようなものである。

① 現在「理念」と定められている、物価安定の使命を「目標」に変更する。

② 物価安定について、政府から与えられた「明確な数字目標」を掲げる（2〜4％が望ましい）。

③ 現在金融政策の目標として含まれていない、「雇用最大化」の項目を追加する。

こうして日銀の政策実行に法律の縛りをかけておけば、日銀がそれに反するということはないだろうから、アベノミクスは完遂され、日本に適切な脱円高と脱デフレの時代が呼び起こされることだろう。

おわりに

ここで、いま一度87ページの図15をご覧いただけるだろうか。

一見するとこのグラフは、多くの数値が無機的に羅列しているものにしか見えないだろう。しかし、ここから浮き彫りになってくるのは、不当な円高の発生により、町工場の親父さんたちが泣く泣く工場を手放してきたという現実である。そして、その工場で働いていた人たちも大勢職を失ったであろうということも透けて見えるのだ。

90年代まで世界で絶賛されていたパナソニックやシャープ、ソニーなどの家電産業も、円高によって縮小を余儀なくされるところまで後退させられてしまった。そして、そのあおりを受けて、これらの大企業の下請けも続々と倒産していった。就職氷河期といわれる中、せっかくこれらの会社に就職が決まっていたのに、泣く泣くあきらめざるをえなかった若者たちもたくさんいることだろう。図15の数値には、そんな悲しい現実がびっしりと詰まっているのだ。
筆者がなぜ第3章でしつこいほどに、バブル崩壊以降の為替の動きを追ったのか？ それは、経済学で説明されているその数値の先に、人々の日々の生活がたしかに息づいていることを、一時たりとも忘れてはいないからだ。

近年、日本の輸出産業の価格競争力はどんどん低下し、辛うじて生き残っている企業も過酷なまでにコストの削減を強いられている。けれども、そのしわ寄せが品質に及んでいるという話は聞かない。海外製の製品に触れる機会が増えたことで、改めて日本の製品の品質の高さが再認識されるのだ。
では、そのしわ寄せはどこに行ったのか？ それは賃金の下落である。それでも、日本のものづくりに携わる人たちは、サービス残業も厭《いと》わず、日々歯を食いしばりながら品質向上に努めてきたのである。それは日本人にとって、とても誇らしいことだと思う。

だが、そんな厳しい戦いを余儀なくされたのも、日本銀行が（ある時は意識的に）引き締め気味の政策運営を行ってきた結果である。まさにそれこそが、日本に長期の不況を生み出し、そして全体の物価が下落するというデフレの状況を生み出してしまった元凶なのである。筆者は、２１０ページで「日本経済そして日本人は、よくぞここまで耐えてきたとの思いを禁じ得ない」と述べたが、図15をご覧いただければ、筆者がそのように思い至った理由についてご理解していただけると思う。

しかし、耐え忍ぶ時代はここらで終わりにしたい。日銀の欺瞞《ぎまん》と面従腹背に翻弄《ほんろう》され続けた結果、多くの日本人が苦しみ打ちひしがれ、未来に対する希望を失い続けている日々にはさよならを告げたい。そのためにも、日本経済復活の最後の切り札になるかもしれないアベノミクスを、安倍総理にぜひとも完遂してもらわなければならないのだ。

そしてわれわれは、自らの手でアベノミクスを成功に導き、この20年の間に失ってしまった自信と誇り、そして未来ある若者たちに前途洋洋たる希望を取り戻す時期に来ているはずだ。

アベノミクスが成功した結果、１ドル＝１０５円程度の安定的かつ継続的な円安が日本で生じる時に、日本の株価に、そして日本経済にどのような未来が待ち受けているのか？

本書の最後に、標準的な経済モデルをもとにそれを展望してみよう。

（1）日経平均株価は１万３０００円〜１万５０００円前後にまで上昇する
（2）日本の景気は回復し始め、50万人以上の失業者に対して職が生み出される
（3）現在の財政赤字は10年以内に解消される
（4）給料が平均して年率３・５％以上は伸びていく

これらが実現される日が、筆者は待ち遠しくてならない。

＊

本書を最後までお読みいただきありがとうございます。

本書では、随所で「デフレは日本経済にとって悪である」ということを前提とした記述を行っていますが、このデフレの害悪については、紙幅の関係でくわしく書けませんでした。

それについては、筆者の前著『日本人はなぜ貧乏になったか？　これが日本経済「大没落」

の真相だ！』（中経出版）において「いかに日銀の失政がデフレを引き起こしたか？」ということともにくわしく解説しているので、ご併読していただければと思います。

また筆者は、日銀や政府の経済政策の可否をチェックし、対案の記事を次のサイトに投稿しています。経済問題で何か疑問が生じた時、また筆者に何かご質問なさりたい時（批判でもかまいません）、次のサイトを覗いていただければと思います。

thnktnk.jp（シンクタンクと読みます）

それではまた。日本経済の完全復活を心より願いながら。

感謝を込めて、読者三大プレゼント！

1．20分の動画で本を読む必要すらなくなる!?

『「円安大転換」後の日本経済』著者解説動画（動画セミナー）

2．本に書ききれなかった、最新の情報を動画で配信！

『「円安大転換」後の日本経済』補講動画（動画セミナー）

3．最新のレポートをメールでお届け！

村上レポート（不定期のメールセミナー）

◎ご応募はこちらから→　http://thnktnk.jp/enyasu

※このプレゼントは予告なく中止する場合があります。
thnktnk.jp は編集集団 WawW！Publishing が運営するＷＥＢサイトです。

村上尚己（むらかみなおき）

マネックス証券株式会社チーフ・エコノミスト。1994年、東京大学経済学部を卒業後、第一生命保険相互会社に入社。その後（社）日本経済研究センターに出向し、エコノミストのキャリアを歩みはじめる。2000年よりBNPパリバ証券にて、日本経済担当エコノミストとして機関投資家向けレポートを執筆。'03年よりゴールドマン・サックス証券においてシニア・エコノミストとして、独自の計量モデルを駆使し日本経済の分析・予測を行う。'08年9月より現職にて、個人投資家向けのレポート提供などに従事。著書に『日本人はなぜ貧乏になったか？』（中経出版）がある。

「円安大転換《えんやすだいてんかん》」後《ご》の日本経済《にほんけいざい》　為替《かわせ》は予想《よそう》インフレ率の差《さ》で動《うご》く

2013年3月20日初版1刷発行

著　者 ── 村上尚己
発行者 ── 丸山弘順
装　幀 ── アラン・チャン
印刷所 ── 堀内印刷
製本所 ── ナショナル製本
発行所 ── 株式会社光文社
東京都文京区音羽1-16-6(〒112-8011)
http://www.kobunsha.com/
電　話 ── 編集部03(5395)8289 書籍販売部03(5395)8113
業務部03(5395)8125
メール ── sinsyo@kobunsha.com

 ISBN 978-4-334-03735-2

610
日本型「無私」の経営力
震災復興に挑む七つの現場
グロービス経営大学院
田久保善彦

3・11の大震災後、多くの日本企業が利益を度外視した支援活動を行い称賛を浴びた。本書は計7社を取り上げ、積極的な活動を可能にした土壌に迫る、勇気づけられる一冊。

978-4-334-03713-0

611
監督・選手が変わってもなぜ強い？
北海道日本ハムファイターズのチーム戦略
藤井純一

ファイターズ前球団社長が、「ベースボール・オペレーション・システム（BOS）」のことも含め、その強さと健全経営の秘密を細かに解説。現場発、最強のスポーツビジネス論。

978-4-334-03714-7

612
歴史から考える日本の危機管理は、ここが甘い
「まさか」というシナリオ
上念司

尖閣、反日、デフレ……。そこに流れる陰謀のフレームワークと「背後の物語」を読め！「想定外」を連発することから卒業し、リアルで生々しい本当の危機管理に目覚めるには？

978-4-334-03715-4

613
一生食いっぱぐれないためのエンジニアの仕事術
椎木一夫

エンジニアは発明家であり、思索家であり、最高責任者である。これほどやりがいのある仕事はない――先輩エンジニアが次世代に贈る、プロとして生きていくためのヒント。

978-4-334-03716-1

614
3日もあれば海外旅行
吉田友和

LCC就航やスマートフォンの浸透により、旅のスタイルは大きく変化した。休みがとりづらくても、工夫次第で旅は面白くなる。忙しくても、「短く」「何度も」旅に出よう！

978-4-334-03717-8

615
アメリカ型ポピュリズムの恐怖
「トヨタたたき」はなぜ起きたか
齋藤淳

「トヨタたたき」は民主主義がポピュリズム（大衆迎合）と化した象徴的な出来事だった。異常とも言えるバッシングがしばしば発生するアメリカの社会構造の欠陥をあぶり出す。

978-4-334-03718-5

616
教室内《スクール》カースト
鈴木翔　解説 本田由紀

1軍・2軍・3軍、イケメン・フツメン・キモメン…子どもたちを支配するランク付けの世界に、気鋭の教育社会学者が肉迫。いじめの温床となる権力の構造や、先生の本音も描き出す。

978-4-334-03719-2

617
日本語の宿命
なぜ日本人は社会科学を理解できないのか
薬師院仁志

社会、個人、大衆、民主主義…。日本人は、これら社会科学にまつわる言葉の意味を真に理解していない。それ故、歪んだ民主主義観や政治観に囚われている――新しい日本語論の誕生。

978-4-334-03720-8

618
腸はぜったい冷やすな！
松生恒夫

大腸がんの死亡者数は男女ともに急増中。あなたの寿命は腸で決まる！　これまで4万件以上の大腸内視鏡検査を行い、便秘外来の専門医である著者が、腸を蘇らせる秘訣を大公開。

978-4-334-03721-5

619
「生きづらい日本人」を捨てる
下川裕治

ここでなら生きていける――。すべてを失って沖縄に渡った男性から、タイでライフワークを見つけた女性まで。旅行エッセイ名手が紡ぎ出す、少しせつなくも心温まる九つの物語。

978-4-334-03722-2

620
飛ばし 日本企業と外資系金融の共謀
田中周紀

「飛ばし」事件で特ダネを連発してきた著者が、「飛ばし」で問題の隠蔽を図る日本企業の経営者の体質と、金融工学を駆使して日本企業を食い物にしてきた外資系金融の実態を暴く。

978-4-334-03723-9

621
役人に学ぶ「闇給与」のススメ
大村大次郎

税金のかからない〝裏の給料〟を上げれば、誰でも手取り50%アップは夢じゃない！　給料の上がらない時代でもトクする裏ワザを、元国税調査官が大公開！

978-4-334-03724-6

622
ファミリーレストラン 「外食」の近現代史
今柊二

家族のシアワセと歩んできたファミリーレストランは、いかにして生まれ、変化し、進化しているのか？――「日常食」研究の第一人者が変遷を読む。楽しい食べ歩きコラム付き！

978-4-334-03725-3

623
バカに民主主義は無理なのか？
長山靖生

この国には、バカしかいない!?――さて、どうするか。民主制や自由思想の歴史、近代日本の積み残し、改正が叫ばれる日本国憲法の意外な根本原理、等を一から学び直しながら考える。

978-4-334-03726-0

624
ひとりフラぶら散歩酒
大竹聡

酒呑み／呑まれの達人が、気の向くまま風の吹くまま散歩に出かけ（ぶらぶら）、気になる酒場をはしご酒（フラフラ）。安上がりだけれど最高に贅沢な道楽を、やってみませんか？

978-4-334-03727-7

625
「知」のシャープナー
人生が変わる知的生産日記
御厩祐司
「エクセル」などの表計算ソフトを使い、一生分の日記をたった1枚のファイルに収める知的生産術を現役官僚が大公開。挫折知らずの超シンプルな方法であなたの人生は変わる！
978-4-334-03728-4

626
一生好きなことをして暮らすための
「不労所得」のつくり方
吉川英一
「このまま会社にいたら殺される！」――奴隷労働で過労死寸前のサラリーマンが一念発起、株とマンション経営で毎月お金が入ってくるしくみを作り上げた。その成功法を紹介。
978-4-334-03729-1

627
はじめての「禅問答」
自分を打ち破るために読め！
山田史生
師の「むちゃぶり」に、あなたはどう答えるか!? 本書では正真正銘の『禅問答』の、さらにその草分けである『馬祖語録』を丁寧に読む。自らに揺さぶりをかけ乗りこえるための問答37。
978-4-334-03730-7

628
「モザイク一家」の国境なき人生
パパはイラク系ユダヤ人、ママはモルモン教アメリカ人、妻は日本人、そして子どもは……
長坂道子
宗教や人種の入りまじる国籍不明の一家。その日常的な葛藤やカオスや冒険の物語は、大きく時空を飛び越え、世界史的規模を持ち西へ東へ広がっていく――ささやかかつ壮大な物語。
978-4-334-03731-4

629
食べる日本近現代文学史
平野芳信
小説の中の食べ物は、なぜあんなに美味しそうなのか。「食べる」を通して「生きる」欠落感や喪失感、希望を表現した作家たちに寄り添い、文学と人生の意味を探る新しい文学論。
978-4-334-03732-1

630
大人のための
やりなおし中学数学
一日一題、書き込み式
高橋一雄
数学は、いざという時のために懐に入れておく1万円札のようなもの――。「数学ができない人」の気持ちが分かるタカハシ先生による、「教養としての数学力」が身につく一冊。
978-4-334-03733-8

631
役たたず、
石田千
みずみずしい感性と文体で注目の作家・石田千が綴った「役たたず」の視点からの風景。相撲好き、競馬好き、ビール好きの〝町内一のへそまげちゃん〟が、だいじにしたいもの。
978-4-334-03734-5

632
「円安大転換」後の日本経済
為替は予想インフレ率の差で動く
村上尚己
アベノミクスが成功し、1ドル＝105円の円安になれば、株価は、雇用は、財政赤字はどう好転するか？　マネックス証券のチーフエコノミストが過去の円安局面を元に分析。
978-4-334-03735-2

633
スローシティ
世界の均質化と闘うイタリアの小さな町
島村菜津
グローバル化・均一化社会の中で、人が幸福に暮らす場とは何かということを問い続け、町のアイデンティティをかけて闘うイタリアの小さな町の人々の挑戦を活写する。
978-4-334-03736-9

634
日経新聞の真実
なぜ御用メディアと言われるのか
田村秀男
「15年デフレ」と不況の責任は、財務省や日銀の〝ポチ〟と化した経済記者の側にもあるのではないか――元日経新聞のエース記者が、日経を軸に経済メディアのあり方を問い直す。
978-4-334-03737-6